POESÍA ESPAÑOLA CONTEMPORÁNEA

BIBLIOTECA UNIVERSITARIA GREDOS

I. MANUALES

MARINA MAYORAL

POESÍA ESPAÑOLA CONTEMPORÁNEA

ANÁLISIS DE TEXTOS

EDITORIAL GREDOS, S. A.
MADRID

© MARINA MAYORAL, 1973.

EDITORIAL GREDOS, S. A.
Sánchez Pacheco, 83, Madrid. España.

Depósito Legal: M. 12739-1973.

ISBN 84-249-2821-0 Rústica
ISBN 84-249-2822-9 Tela

Gráficas Cóndor, S. A., Sánchez Pacheco, 83, Madrid, 1973. — 4068.

A Andrés

INTRODUCCIÓN

Durante mucho tiempo el comentario de textos literarios ha estado prácticamente ausente de la enseñanza, hasta el punto de que actualmente, en España, carecemos de la tradición que en este sentido tienen otros países europeos. Sin embargo, en los últimos años se ha visto crecer una tendencia a aumentar más y más la importancia del comentario de texto en la enseñanza de distintas materias (Gramática, Literatura, Filosofía...) hasta el punto de llegar a crearse, a nivel universitario, asignaturas exclusivamente destinadas a este fin.

Parece que en tal situación —carencia de tradición e importancia creciente— todos debemos contribuir a mejorar la técnica del comentario.

La idea de enseñar un método de comentario de poesía nunca se me pasó por la cabeza, porque me parece tan dificultosa como inútil. El método es sólo un instrumento y cada poema exige la elección del instrumento adecuado a él. Sin embargo, la práctica del comentario de textos me llevó a insistir una y otra vez en unos puntos que, al comienzo, me parecían de una evidencia perogrullesca, pero que (la experiencia me lo demostró) no son tan evidentes para todo el mundo. Eso fue lo que me decidió a poner por escrito esto, que no es un método, sino una revisión de errores, unas cuantas ideas sobre técnica de análisis y unos ejemplos concretos de textos analizados.

Quizá nada haya perjudicado tanto, en España, al comentario de texto —excepción hecha del total abandono en que se le ha tenido, a todos los niveles de enseñanza— como el repetido concepto de la inefabilidad de la Poesía. Pero si la Poesía es inefable, el poema, como toda obra humana, es susceptible de análisis.

El poema es, en primer lugar, el resultado de un trabajo de organización y selección de unos materiales lingüísticos. Desde este punto de vista, es perfectamente analizable. Además, el poema es exponente de la actitud de su autor ante unos determinados hechos, que, a su vez, pueden encuadrarse en las coordenadas más amplias de su actitud ante la vida; es decir, el poema nos transmite la visión del mundo de su creador, lo cual también se puede analizar. Por último, el poema provoca en nosotros unas reacciones que son quizá las más difíciles de analizar, porque muchas veces remiten a zonas subconscientes de nuestra personalidad, pero que a un nivel más superficial (gusto o disgusto, emoción, indiferencia, frialdad...) nos pueden dar la clave de la mayor o menor aceptación popular de un autor o un poema concretos.

A estos tres puntos (construcción lingüística, cosmovisión y repercusión en el lector), con sus múltiples ramificaciones, se puede añadir la inefabilidad, de cuyo análisis podemos prescindir con la tranquilidad del que ya ha hecho bastante para la comprensión de una obra literaria.

Empecemos, pues, con la revisión de uno de los errores más frecuentes a la hora de analizar un texto de poesía: no basta con comprender el sentido general.

Es muy frecuente que el lector, incluso el especializado, se limite a una comprensión superficial. Esto se hace más patente en textos de épocas «difíciles» (el veintisiete puede ser un ejemplo), pero sucede en toda clase de poemas. Hay que evitar la crítica que se basa en una lectura de «dilettante». Cada palabra, cada frase de un poema, son el resultado de un proceso de selección y concentración. Muchas veces, el poeta ha prescindido de elementos que serían necesarios para una comprensión inmediata. Por ello, hay que pararse e intentar reconstruir el proceso creador para comprender el significado de esas frases, a primera vista oscuras.

Otras veces, la dificultad estriba en que el poeta ha utilizado elementos que tienen para él un valor especial, como las «imágenes obsesivas» estudiadas por Charles Mauron y J. P. Richard. Este carácter tienen el «trou» en Víctor Hugo, el fuego en Gérard de Nerval, las sombras en Rosalía de Castro, los cuchillos en Lorca, el toro en Miguel Hernández...

Eludir o escamotear estas partes confusas, en el comentario, es prescindir de toda la complejidad del poema. No importa que alguna vez no entendamos algo. Lo importante es la postura de intentar comprender todo cuanto aparece en el poema. Creo, además, que en un análisis se debe dejar constancia de nuestra imposibilidad o dificultad para explicar la presencia o el sentido de determinados elementos, cuando esto suceda. Lo inadmisible es no ver las dificultades o hacer como que no se ven.

Si no un error, sí es, al menos, una limitación muy frecuente enfocar un análisis exclusivamente en función de la época y del autor. Es muy habitual comentar un texto considerándolo como un ejemplo de la teoría previamente estudiada. O, al contrario, partir de un texto, para llegar a través de él a los *caracteres generales* de una época y de un autor. Esto, que como técnica de enseñanza de la literatura está muy bien, como técnica de análisis de texto deja bastante que desear. No hace falta insistir en los ridículos errores en que se cae con esta técnica cuando se ignora o se duda sobre el autor del texto (que cada cual acuda a su propia experiencia); es que, en el mejor de los casos, lo que se consigue son comentarios de una monotonía aplastante.

No hay que perder de vista que el poema tiene algo de momentáneo e irrepetible. El autor ha dicho en ese poema, precisamente en ése, cosas que no volverá a repetir. Aunque vuelva sobre el mismo tema, siempre añadirá matices distintos, finísimas diferencias. Pensemos en *La voz a ti debida*: qué horriblemente monótono sería analizar cada poema atendiendo a los caracteres típicos de Salinas o de la generación del veintisiete y qué delicia fijarse en lo que diferencia a un poema de otro, en lo que le da a cada uno su carácter de obra única...

El considerar al poema como una entidad con valor propio, independiente del autor y de la época, nos obliga a fijarnos más en *todo* lo que dice el poema y en *cómo* lo dice. La falta de prejuicio o de esquema previo hace que descubramos unos aspectos de esa realidad que es el poema que de otra forma quedarían olvidados. Naturalmente, no quiere esto decir que haya que dejar fuera del comentario los rasgos típicos del autor y de la época. En el poema están, y por tanto son susceptibles de análisis, pero más interesantes que esos «caracteres generales» son los «caracteres particulares» de cada poema. El análisis de estos últimos lleva, por añadidura, a un mejor conocimiento del autor y evita las tajantes y monolíticas interpretaciones que de ellos se hacen. La vida del hombre no es un bloque homogéneo ni un camino que va directamente a su objetivo; está llena de altibajos y discurre unas veces torcida y otras derechamente. Cada poema deja constancia de un momento de esa vida. Todos son distintos y a veces pueden llegar a ser contradictorios. Pero tales diferencias, como las que existen entre dos momentos de una vida, sólo son perceptibles cuando se analizan de cerca, cuando se profundiza más allá de lo que da uniformidad y personalidad a un autor: cuando llegamos a los rasgos que convierten a un poema en el testimonio de un momento dado y no de otro.

Para entendernos, llamaré «caracteres particulares» a los que diferencien dos poemas de la misma época de un autor. Les podría llamar también «caracteres secundarios», porque son los que señalan las diferencias, las pequeñas desviaciones, *los matices* de los temas fundamentales del autor y de su estilo más característico.

Estos caracteres particulares o secundarios deben ser englobados en las grandes líneas generales de la visión del mundo del autor. Veamos esto, aunque sea en forma esquemática, mediante un ejemplo.

En un poema, Salinas dice: « ¡Qué alegría más alta: / vivir en los pronombres! ¡Quítate ya los trajes, / las señas, los retratos (...) Te quiero pura, libre, / irreductible: tú». En otro: «Perdóname por ir así buscándote / tan torpemente, dentro / de ti (...) Es que quiero sacar / de ti tu mejor tú».

Los caracteres generales o comunes a ambos poemas son, por lo que se refiere a la visión del mundo: búsqueda de autenticidad, tendencia a la perfección, amor como exigencia, optimismo ante la vida en la que se ven posibilidades de amor y perfección. En cuanto a la forma: falta de rima, medida fluctuante, uso de imperativos y pronombres personales...

Los caracteres particulares ponen de relieve, en un caso, la alegría exultante de la relación entre los amantes; en el otro, el inevitable dolor que toda relación humana, y más ésa por su exigencia, lleva consigo. En cuanto a la forma, los caracteres particulares se refieren a las diferencias de estructura y de selección del material lingüístico.

La determinación de ambos caracteres (generales y particulares) nos permite (y aquí ya interviene la cultura literaria y la erudición) atribuir la composición a una época y a un autor determinados, e, incluso, a una etapa dentro de la obra de un poeta. Pero esta atribución y fecha no es, ni con mucho, el fin principal del análisis. Es una nota más, o un colofón que se añade cuando se puede. Alguna vez se nos puede presentar el trabajo —interesantísimo, sin duda— de datar o buscar el autor de trabajos inéditos y desconocidos, pero, normalmente, lo que hay que procurar es que no se nos escape el poema concreto que tenemos ante los ojos por las redes demasiado anchas de los caracteres generales de autor y época.

En los ejemplos de análisis que publico se prescinde generalmente de este punto ya que, conocida previamente la personalidad del autor, demostrar que le pertenece sería demasiado ingenuo. La determinación de los caracteres generales basta para dejar claro que se trata de poemas muy característicos de cada autor (con escasas excepciones).

Por lo que se refiere al análisis de las reacciones que provoca en nosotros el poema, distinguimos dos etapas. La primera, la más fácil, consiste simplemente en razonar la impresión fundamental de gusto o disgusto que nos

produce: estamos en el terreno de las «afinidades elec-
tivas».

Hay autores muy fáciles de analizar. Guillén, mayoritariamente, «no gusta» y, también mayoritariamente, los
lectores son capaces de analizar la razón de su disgusto:
es *demasiado* difícil. El esfuerzo realizado en pro de la
comprensión bloquea el camino de la emoción y esto molesta a un buen número de personas. Por el contrario, los
que gustan de él hablan de la satisfacción de comprender,
de claridad intelectual (es curioso cómo, espontáneamente,
llegan a expresiones muy similares a las de Dámaso Alonso,
hablando de Góngora), de armonía, de orden...

Los autores «culturalistas» provocan también reacciones
fácilmente analizables. Algunos poemas de Rubén, de Ezra
Pound, fragmentos de Mujica Láinez, de Cortázar molestan
a un elevado porcentaje de lectores que se siente ante
ellos en «inferioridad cultural». La sensación de ignorar
los elementos de cultura a los que se refieren o la imposibilidad de traducir unas palabras intercaladas en otro
idioma provocan una reacción de incomodidad.

Mayores dificultades plantea la práctica de la segunda
etapa. Consiste ésta en el análisis de las reacciones emo-
tivas que producen determinados poemas o versos sueltos.
Casi todo el mundo está de acuerdo en que algunos versos
producen en nosotros una emoción inmediata a su lectura,
sin que podamos comprender a qué se debe. Cuando oímos:
«Córdoba / lejana y sola...» o «Se equivocó la paloma. / Se
equivocaba...» experimentamos inmediatamente una reacción emocional. La irracionalidad de la emoción es más
patente cuanto *menos* claro es el significado de los versos.
Por ejemplo, en «arbolé, arbolé / seco y verdé», la emoción
se encuentra casi en estado puro.

Repetidas experiencias me han demostrado la generalidad de esta reacción. Las dificultades comienzan al intentar reducirla a elementos racionales. ¿Por qué nos emocionan esas palabras? Respuestas como: «la magia de la poesía», «la gracia poética», «la inefabilidad del arte», etc., me han parecido siempre falsas respuestas, que, en lugar de dar soluciones, repiten los términos de la pregunta. A lo largo de los años, una idea se me ha hecho cada vez más evidente. Debo confesar que esta idea despertó algunas —pocas— adhesiones y multitud de reticencias; quizá por eso le he tomado ese afecto que se siente por los niños débiles o enfermos. Es la siguiente: en esos versos cuyo sentido no entendemos y que, sin embargo, nos emocionan se encuentra expresada en forma concentrada, estilizada, una visión del mundo susceptible de ser reducida a conceptos. La reducción a conceptos permite que comprendamos las causas de la emoción.

Un ejemplo me permitirá explicarlo más claramente. En los versos de Alberti: «Se equivocó la paloma. / Se equivocaba», lo que nos emociona es la visión del mundo que encierran esas palabras (el juego fónico tiene menor importancia) [1]. En esquema, es lo siguiente: el poeta, de forma concentrada, nos presenta un mundo donde un animal, que *por instinto no puede* equivocarse, se equivoca. Además, ese animal es el símbolo de la inocencia. Un mundo donde lo que no puede suceder, sucede, es un mundo caótico, absurdo. Lo que nos impresiona, de modo inconsciente, es la visión de un ser inocente inmerso en un mundo caótico y absurdo.

De forma aún más esquemática: «Córdoba lejana y sola» nos sumerge en un ambiente semejante al de los

---

[1] Véase el comentario correspondiente, págs. 179 y sigs.

sueños, de lejanías y soledad infranqueables, de miedos indeterminados, donde nadie puede ayudarnos; universo infantil de «país de irás y no volverás». (El fondo de primitivismo de Lorca remite muchas veces a lo infantil). «Arbolé, arbolé / seco y verdé» también nos lleva a la infancia, pero a la infancia buena, de los cantos, de los juegos; un mundo donde las palabras no tienen que fijar rígidamente los objetos sino sugerirlos, señalarlos, como el balbuceo de los niños. Y así sucesivamente.

El poeta escoge para transmitir su vivencia unos cuantos elementos de gran poder sugeridor y prescinde del resto. Nosotros captamos de forma emocional (intuitiva o subconsciente) la visión del mundo que se nos transmite parcialmente, pero sólo reconstruyendo y completando los elementos que faltan podremos comprender por qué nos emocionamos.

Un punto interesante de estudio es la proporción que hay en todo poema entre espontaneidad y elaboración.

Las palabras, las figuras retóricas, el orden y la estructura son, en parte, producto del trabajo (selección y organización) del autor y, en parte, producto espontáneo, es decir, sin elaboración posterior. En ambos casos, su análisis nos lleva a la visión del mundo del poeta. Es muy difícil saber qué es lo que a un escritor le ha brotado espontáneamente (qué palabras, en qué orden, estructuradas de qué forma...), qué es lo que él ha buscado voluntariamente para expresar sus vivencias con mayor claridad y cuáles son las sucesivas transformaciones que todo ello sufre. Es excepcional que un crítico disponga de la primera y de las sucesivas elaboraciones de un poema (Blecua dispuso de esta documentación excepcional en un poema de Guillén que ofrece en su edición de *Cántico*). Por eso, en general, es mejor considerar al poema como producto del trabajo voluntario de su autor. Sin embargo, queda un pequeño margen de espontaneidad o inconsciencia que es el campo de la crítica psicoanalítica.

¿Qué decir de la aplicación del psicoanálisis a la literatura? En primer lugar, se necesitan conocimientos no superficiales del tema y además lo que Feijoo llamaba «tino mental». Creo que algo que se olvida con excesiva frecuencia es que el escritor tiene en su mano un arma poderosísima para ocultar sus complejos: revisar sus palabras. Téngase en cuenta que las asociaciones libres y los actos fallidos eluden la censura de la conciencia precisamente por su carácter momentáneo, irrepetible. Otra cosa que no hay que olvidar es que lo que está relegado al inconsciente es aquello que el yo consciente quiere desechar, destruir, hacer desaparecer *porque no lo soporta*. Aunque el escritor intente la escritura automática, el monólogo interior (mejor llamarle «stream of consciousness», 'corriente de *conciencia*'), lo que nos da es toda la imagen *consciente* de sí mismo o del mundo. Los mecanismos de defensa que deben ponerse en movimiento para preservar su mundo subconsciente serán, a la fuerza, terribles[2]. Por todo ello, hay que pensar que los elementos del inconsciente del autor que pasan a su obra son, por fuerza, escasos.

Otra observación quiero hacer todavía, aunque sé que no contenta a tirios ni a troyanos. El psicoanálisis tiende a uniformar, a reducir las diferencias, las peculiaridades

---

[2] Es curioso comprobar que, desde la difusión de las teorías freudianas del psicoanálisis, las formas de resistencia se han multiplicado y han adquirido una complejidad extraordinaria. La práctica del psicoanálisis demuestra que, a mayor conocimiento del tema, mayores y más complejas resistencias.

individuales a manifestaciones de un fondo común. Según el autor que se siga, las características se reducirán en su mayoría a manifestaciones de la libido reprimida, del afán de dominio o afloraciones del inconsciente colectivo, por citar las tres ramas maestras del psicoanálisis. ¿Qué interés puede tener para un literato que «el machismo» de un escritor sea una reacción compensatoria del miedo a su femineidad latente? Este tipo de estudios tienen un interés más sociológico que literario. Si llevamos a sus últimas consecuencias el psicoanálisis de la literatura, un poeta, un novelista tienen exactamente el mismo interés que un futbolista o un boxeador. Sus problemas dejan de ser literarios para ser, sencillamente, humanos.

Sin embargo, a la aplicación del psicoanálisis a la literatura le queda todavía un amplio campo que no voy a intentar delimitar. Solamente señalaré algunos aspectos.

Es muy interesante el estudio de las actitudes irracionales, aunque sin descender a las últimas explicaciones. Pongo un ejemplo de un poeta sobre el que he trabajado mucho: Rosalía de Castro. En ella señaló Rof Carballo la existencia de un *«complejo de Polícrates»*, es decir, un temor irracional al éxito. El psicoanálisis moderno dio una explicación del fenómeno (no Freud, que señaló su existencia pero lo dejó sin explicación)[3]: procede del temor a superar al propio padre. Más interesante que esta última y discutible interpretación, que Rof Carballo tiene el acierto de no aplicar a Rosalía, me parece la simple constatación de esa actitud irracional. El miedo al placer me parece interesante a la hora de configurar la visión del mundo de un poeta, que adquiere, así, sus notas y peculiaridades

---

[3] S. Freud, «Los que fracasan al triunfar», *Obras Completas*, vol. II, Biblioteca Nueva, Madrid, 1948, págs. 993 y sigs.

personales. Y no me parece *literariamente* interesante *el temor inconsciente al padre*, común a miles de personas en las que produce manifestaciones diferentes.

Dentro de las actitudes irracionales, es de enorme interés el estudio de las fobias y obsesiones, que ha sido el más fructífero en relación con la literatura. Aquí sí que se ofrece un amplio campo a la investigación, ya que es relativamente frecuente que el poeta (como todo hombre) sienta aversiones o atracciones de carácter irracional. La fascinación de Lorca ante los instrumentos cortantes (navajas, cuchillos...), que Álvarez de Miranda puso en relación con las religiones primitivas, y la de Víctor Hugo ante «lo hueco», estudiada por J. P. Richard, son ejemplos de fobias famosas. De nuevo insisto en que lo interesante, literariamente, me parece la determinación de la fobia y no el estudio de sus causas inconscientes.

Después de estas brevísimas observaciones sobre el aspecto involuntario de la creación literaria, pasemos al aspecto voluntario; es decir, a lo que es fruto del trabajo del poeta. Como siempre, voy a señalar solamente aquellos puntos que me parecen más descuidados en el comentario de textos.

Creo que hay que conceder una gran importancia a la selección de palabras realizada por el poeta. Téngase en cuenta que, del caudal de voces de un idioma, el autor puede *pararse a escoger* las más idóneas para expresar su visión del mundo. El poeta evita las vacilaciones y repeticiones del lenguaje hablado mediante la búsqueda y selección de la palabra exacta. La crítica moderna ha orientado sus pesquisas en este sentido y así se señalan las «palabras claves» de un autor: los pronombres de Salinas, los adverbios en «-mente» de Blas de Otero, el «ya» de J. Guillén... Esta técnica conviene y debe ser aplicada al comentario de texto, pero no en el sentido de señalar «palabras claves» previamente conocidas, sino de descubrir palabras de gran valor expresivo para la visión del mundo del poeta. Las «palabras claves» no tienen por qué ser habituales. La frecuencia no es el mejor índice del valor expresivo de las palabras. Vamos a poner un ejemplo. En la elegía a Ramón Sijé, Miguel Hernández dice:

> Yo quiero ser llorando el hortelano
> de la tierra que ocupas y estercolas,
> compañero del alma, tan temprano.

La palabra «estercolar», que no es una palabra frecuente en el poeta, es, sin embargo, de gran valor expresivo para comprender su visión del mundo. Responde a su concepción de hombre de campo, para quien el estiércol es un elemento vivificador, y, sobre todo, a una concepción vitalista de la existencia del hombre, cuyo cuerpo no *se pudre* inútilmente, no es pasto de los gusanos, sino que alimenta a la tierra, que a su vez producirá amapolas... Raíz campesina y vitalismo han llevado a la selección de esa palabra como la más adecuada. Es un ejemplo más de la inseparabilidad de fondo y forma, de la íntima vinculación del instrumento lingüístico y la idea.

Interesante es también el análisis de la secuencia fónica. Al leer un poema, percibimos simultáneamente dos impresiones de orden diferente: una sensorial y otra intelectual. Es decir, percibimos el sonido (o la imagen fónica) y los conceptos. Prescindiendo por el momento de los conceptos, el poema es una secuencia de sonidos y pausas que tienen un ritmo determinado. De la calidad del sonido y de su organización (ritmo) depende muchas veces la mayor o menor aceptación del poema. Creo que en el tardío reconocimiento de los valores poéticos de Unamuno influyeron mucho la extraña e inhabitual calidad de sus sonidos y su ritmo (poco perceptible). El caso contrario es el de Rubén Darío. El valor sugestivo que tienen los sonidos y el ritmo es más perceptible en los casos en que la carga intelectual es mínima, como sucede en algunos poemas de este autor y, sobre todo, en versos famosos como «ínclitas razas ubérrimas» o «que púberes canéforas te ofrenden el acanto», del cual Lorca decía que sólo entendía el «que»...

El valor expresivo de las aliteraciones fue magistralmente estudiado en castellano por Dámaso Alonso. Pero, en la práctica del comentario, he tenido ocasión de comprobar que, en este campo, se comete un error muy frecuente. Si antes hablábamos de «tino mental», ahora tendríamos que hablar de «tino auditivo». No en todos los poemas se encuentran ejemplos tan definitivos como el de la «oscura turba de nocturnas aves». El error al que me refiero es el cómputo indiscriminado de cuantos sonidos vocálicos y consonantes aparecen en el poema. La inmensa mayoría de las veces, este cansino recuento no permite sacar ninguna conclusión. Pero es más grave todavía el hecho de que la ignorancia de las proporciones de los sonidos en la lengua castellana lleve al comentador a arbitrarias y erróneas conclusiones, tales como atribuir a un autor lo que es característico de la lengua que emplea.

Lo mismo hay que decir del estudio del ritmo acentual. «Clavarle» todos los acentos a un poema, para no llegar a ninguna conclusión o llegar a conclusiones obvias, es penoso, pero frecuente. Un crítico checo cuyo libro, de carácter estructuralista, tuvo un gran éxito entre el alumnado universitario, llegó a la brillante conclusión de que

el romance castellano va siempre acentuado en séptima
sílaba y no lleva nunca acento en la octava.

Creo que, en la práctica del comentario de texto, el
cómputo de sonidos y acentos ha de servir fundamentalmente para comprobar intuiciones previas. Es decir, cuando «nos parece» que un verso (o un poema) tiene un
ritmo extraño o que la proporción de los sonidos no es
la habitual, se hace un recuento para ver en qué consiste
la peculiaridad. A veces, esto es evidente; por ejemplo,
la abundancia de erres en algunos versos de Blas de Otero
«salta al oído».

No quisiera resultar reiterativa al aplicar las mismas
cautelas al estudio de las categorías gramaticales predo-
minantes en un poema. No cabe duda de que la abundancia
o escasez de verbos produce distinto efecto expresivo, y
lo mismo sucede con las formas no personales, adverbios,
adjetivos, etc. Pero el comentador ha de confiar en su
intuición lingüística para discernir las proporciones habituales en el idioma y las alteraciones significativas, so
pena de perder el tiempo en cómputos inútiles.

Una última aclaración que afecta a *toda clase* de cómputos. Naturalmente se puede (y aun se debe) prescindir
de cualquier impresión previa cuando se vaya a realizar
un *recuento exhaustivo* de todos los elementos (trabajo
ideal para realizar en computadoras). Una vez recogido el
material, la labor del crítico será la de dar sentido a los
datos, es decir, desechar e interpretar.

Un punto interesante para tratar en el comentario de
textos es el análisis de la situación de las palabras en la
frase y en el poema. No me refiero a los hipérbatos, a las
alteraciones del orden que se siente como habitual en un
idioma, sino al estudio del «orden expresivo» en que se
sitúan siempre los elementos, tanto en la frase como en

el poema. Pongo un ejemplo. Cuando un autor comienza
un poema diciendo: «Perdóname por ir así buscándote
tan torpemente...» parece claro que un cierto sentimiento
de culpabilidad y el deseo de justificarse ocupan un lugar
preeminente en su espíritu. Es precisamente ese interés
del autor el que determina el lugar privilegiado de la
palabra «perdóname».

Además del comienzo absoluto del poema, son «puestos
importantes» los comienzos y finales de verso. La pequeña
pausa que se produce al pasar de un verso a otro, al
interrumpir la secuencia fónica, realza la palabra inmediatamente anterior y posterior. En el final de verso se une,
además, la fuerza del acento principal rítmico. En los
versos que llevan acentos intermedios son también importantes los lugares donde caen estos acentos.

En cuanto al orden en la frase, suele ser significativa
la anteposición de los complementos circunstanciales:
«Tan anchamente se ilumina el llano» dice J. Guillén, y
Blas de Otero: «Definitivamente cantaré para el hombre».

Como en castellano el sujeto «yo» o el verbo en primera
persona son los que ocupan con más frecuencia el primer
lugar de la frase, en el uso espontáneo, podemos considerar la anteposición de otros elementos como un índice
del desplazamiento del interés hacia ellos. En el poema
Insomnio de Dámaso Alonso, tras la breve introducción
en forma impersonal («Madrid es una ciudad...»), encontramos cuatro apartados que comienzan así:

> *A veces en la noche* yo me revuelvo (...)
> y *paso* largas horas oyendo (...)
> y *paso* largas horas gimiendo (...)
> y *paso* largas horas preguntándole (...).

Parece claro que, antes de contar lo que sucede, al poeta le ha interesado concretar las circunstancias de los hechos: el carácter esporádico («a veces») y el momento temporal (la noche). Dos detalles que permitirán que muchos seres se sientan identificados con esa desesperación transitoria y compatible con una vida «normal». (Pensemos en la diferencia con la desesperación romántica, tan total y sin matices.)

El *Llanto por Ignacio Sánchez Mejías* comienza:

> A las cinco de la tarde.
> Eran las cinco en punto de la tarde.

La circunstancia temporal acapara absolutamente y desde el primer momento la atención.

El paso de lo habitual a lo inusitado es paulatino. Frases como «solo está el hombre», «arena del desierto soy», «hermoso es, hermosamente humilde»... podemos considerarlas como alteraciones del orden habitual (hipérbatos) o como casos de orden expresivo. Lo importante es darnos cuenta y justificar el valor que la situación en la frase da a los distintos elementos que la componen. Cuanto más pasemos de lo habitual a lo inusitado, mayor es la evidencia del «artificio».

El artificio es, precisamente, lo que nos va a permitir comunicarnos con el autor. Éste, para hacernos creer lo que cuenta, para hacer comunicable su vivencia personal, necesita de unos recursos artísticos, de unos «artificios». El análisis de esos recursos nos lleva directamente a la primigenia visión del mundo, a la vivencia primera del autor. Sobre este punto aporta ideas interesantísimas el libro de W. C. Booth, *The Rhetoric of Fiction*.

Posiblemente el más interesante de los elementos retóricos, el «artificio-rey» sea la metáfora. Gómez de la Serna afirmaba: «Lo único que quedará, lo único que en realidad ha quedado de unos tiempos y de otros, ha sido la gracia de las metáforas salvadas».

La metáfora es la figura retórica que recoge más directamente la visión del mundo de su autor y la que nos permite ver cómo el poeta potencia la realidad, aumenta la fuerza expresiva de los hechos para hacerlos comunicables. Por eso debe ser atentamente analizada.

Muere Ramón Sijé en Orihuela y escribe Miguel Hernández:

> Un manotazo duro, un golpe helado,
> un hachazo invisible y homicida,
> un empujón brutal te ha derribado.

El término real de las cuatro metáforas es la muerte del amigo. Circunstancias y detalles reales de la muerte están ahí presentes. Sijé murió repentinamente y muy joven. El carácter repentino se repite en las cuatro metáforas (manotazo, hachazo, empujón, golpe, son actos súbitos, que acontecen rápidamente). El carácter inesperado de la muerte (de toda muerte, pero de ésta en concreto más, por la juventud de Sijé) se revela en el «hachazo *invisible*» que hiere y que no sabemos cuándo ni de dónde llega.

Al mismo tiempo que hace más expresiva la realidad, que potencia su fuerza emotiva mediante la sustitución por los términos irreales, el poeta nos ha dado su propia actitud ante la muerte. En las cuatro metáforas hay implícita una nota de vejación a la naturaleza humana (más patente en «manotazo» y «empujón»), de violencia, de acto injusto y sin sentido.

Si comparamos las palabras de Miguel Hernández con las de una simple reseña periodística sobre el mismo hecho, comprobaremos que las metáforas han permitido al poeta expresar su personal actitud ante lo acaecido y su visión particular del hecho (dolor y rebeldía frente a una realidad cruel y absurda), y lograr que nosotros participemos en su vivencia. La retórica del poema ha hecho posible la comunicación.

Un análisis muy interesante que se puede aplicar a las metáforas es el de los campos semánticos, aunque, muchas veces, un poema único no permite sacar conclusiones. Los términos irreales de las metáforas suelen pertenecer a una determinada parcela de la realidad, a una esfera de sentimientos o sensaciones, variable en cada poeta y en cada época. En la literatura de los años veinte los términos irreales se suelen tomar del mundo del deporte, de las máquinas, de la industria: «patinaba en finos esquís su imaginación» escribía Francisco Ayala en *Cazador en el alba*, y Alberti, en *Cal y Canto*:

> y en el Estadio de la Luna, fieros,
> gimnastas de las nieves, se revelan,
> jabalinas y discos, los luceros.

Esta selección de elementos configura un «mundo irreal» típico de un poeta o de una época. El de estos ejemplos es similar al que aparece en los cuadros de Sonia y Sergio Delaunay o Fernand Léger, contemporáneos de los autores citados.

Volviendo al poema de Miguel Hernández, podemos ver que los términos irreales de las metáforas pertenecen al mismo campo semántico. A ellas se pueden añadir las que aparecen en los dos tercetos siguientes: «no hay extensión más grande que mi *herida*» y «Ando sobre *rastrojos de difuntos*». Tendríamos así un campo semántico formado por «manotazo», «golpe», «hachazo», «empujón», «herida», «difuntos», que configuran la visión de un mundo doloroso y cruel.

En la obra literaria, es un elemento esencial el punto de vista que el autor adopta ante la materia que va a tratar; es decir, la perspectiva. Aparte de las cuestiones de orden técnico que se plantean, en la práctica el punto de vista lleva a la utilización de una serie de técnicas perspectivísticas que han sido estudiadas especialmente en la novela contemporánea (en España han tratado este tema Andrés Amorós, en *Introducción a la novela contemporánea*, y Mariano Baquero Goyanes, en *Estructuras de la novela actual*): narración en primera persona, en tercera, en segunda; limitación del autor; empleo de las distintas modalidades del monólogo interior, etc. Estas técnicas no son exclusivas del género novelesco. La determinación del punto de vista es un capítulo interesantísimo en el estudio de la poesía, incluso lírica.

Hay poemas en los que la subjetividad del autor desemboca por el cauce directo de la primera persona, pero muchas veces encontramos la tercera persona, habitual en la novela hasta el siglo XX, y en la poesía narrativa, aplicada a poemas puramente líricos. Recordemos:

> Una tarde parda y fría
> de invierno, los colegiales
> estudian. Monotonía
> de lluvia tras los cristales.

En algunos casos, el yo que aparece en el poema no es el del autor. Con una técnica tomada del teatro y tan antigua como él, el poeta se convierte en transmisor de las palabras de otros seres. Como en un escenario teatral, oímos en el poema monólogos o diálogos de distintos personajes. Esas palabras de «personajes» nos son presentadas mediante técnicas distintas. Pueden llevar introducciones narrativas más o menos largas con fórmulas de transición del tipo «estas palabras se oían», «de esta manera cantó», «rompió el silencio una voz» o simplemente «dijo él», «dijo ella», etc. Otras veces, la introducción narrativa y las palabras del personaje van simplemente apuestas, sin fórmulas intermedias. Un buen ejemplo de fórmula introductoria es la de la *Canción del pirata* que pasa casi inadvertida:

> ...y ve el capitán pirata,
> *cantando* alegre en la popa,
> Asia a un lado, al otro Europa
> y allá a su frente Stambul.
> 'Navega, velero mío'...

El resto del poema es la *canción*, que queda perfectamente unida, sin ninguna violencia, a la parte narrativa. También es frecuente que se nos presenten en primer término las palabras del personaje (o personajes), dejando para el final una explicación de tipo narrativo:

> Mira, Zaide, que te aviso
> que no pases por mi calle...
> ....
> Dijo la discreta Zaida
> a un altivo abencerraje.

> ¡Hola! hidalgos y escuderos
> de mi alcurnia y mi blasón...
> ....
> Así atronaba la calle
> una ya cascada voz...

Y también se pueden presentar las palabras de los personajes, eliminando todo contexto narrativo. Un ejemplo puede ser el poema de Rosalía de Castro, *Nin as escuras*,

donde aparece el diálogo de dos amantes y el monólogo
posterior de la mujer, sin ningún comentario narrativo.
El olvido por parte de la crítica de las técnicas perspectivísticas dio lugar, en este caso, a curiosas interpretaciones autobiográficas.

Incluso en los poemas en los que el yo de la poesía
se refiere a su propio autor, se encuentran intentos de
presentar nuevas perspectivas mediante la introducción
del lector. Éste es, muchas veces, sólo testigo de las palabras del poeta, pero otras muchas es interlocutor directo.
El poeta le interpela mediante distintas fórmulas. Interrogaciones: «¿Qué estáis haciendo aquí? ¿Qué hacemos todos
/ en medio de la plaza y a estas horas?»; uso del tú: «yo
no podré decirte cuánto llevo luchando / para que mi
palabra no se muera / silenciosa conmigo, y vaya como
un eco / a ti...»; uso del vosotros: «vosotros que gozasteis
y sufristeis / ¿qué comprendéis de unas eternas lágrimas?»; verbos en forma imperativa: «Salid a ver. Venid,
bebed. Dejadme / que os unja de agua y luz bajo la
carne», y mil fórmulas más, cuya misión es trasladar al
lector de la función de testigo a la de partícipe del monólogo del poeta.

Muy interesantes problemas de técnica perspectivística
plantea la introducción del propio poeta como un elemento
más de la poesía, frecuente desde la generación del veintisiete: « ¡Ay, Federico García, / llama a la Guardia Civil! »;
«Albert Samain diría, Vallejo dice, / Gerardo Diego enmu-
decido dirá mañana»...

Mediante estas técnicas distintas, el poeta intenta en-
sanchar el ámbito de su visión personal de la realidad,
multiplicar los puntos de vista para ofrecer una visión
más rica y compleja.

Otro punto muy interesante es el análisis del reparto de la materia dentro de los límites del poema; averiguar las reglas a las que obedece su organización o los esquemas a los que se ajusta; es decir, estudiar la estructura interna del poema.

Propongo, solamente a título de ejemplo, algunos de los esquemas estructurales que he encontrado con más frecuencia en la práctica del comentario.

La estructura de la oración atributiva identificativa (A es B) se encuentra frecuentemente como base de muchos poemas. Cada uno de los términos comprende, a su vez, subestructuras que pueden enriquecerse indefinidamente. Y el esquema básico puede constituir una unidad susceptible de repetición. Pongamos un ejemplo. En el poema de Bécquer, *Saeta que voladora*, la estructura básica responde al esquema A es B. El primer término de este esquema es múltiple: *saeta, hoja, ola, luz*. El segundo, consta de un solo elemento: *yo*. Pero, a su vez, cada término se ajusta a la fórmula sustantivo + determinación adjetiva con «que» («saeta que voladora», «hoja que del árbol seca», etc.), a la que también responde el segundo miembro de la identificación («yo, que al acaso cruzo el mundo...»). La estructura básica del poema queda, pues, así configurada:

Primer término	*Enlace*	*Segundo término*
sustantivo + proposición adjetiva		
sustantivo + proposición adjetiva	verbo identificador	pronombre personal + proposición adjetiva
sustantivo + proposición adjetiva		
sustantivo + proposición adjetiva		

o, más brevemente:

$$A (a_1 + a_2 + a_3 + a_4) = B.$$

En el poema *Cendal flotante de leve bruma,* la estructura básica es la misma. Pero en él encontramos un núcleo
principal repetido dos veces y cada término organizado de
forma distinta al del ejemplo anterior. Brevemente señalo
la estructura, que es más complicada que en el otro
ejemplo:

$$A \text{ es } B, C \text{ es } D.$$

Es decir:

A (cendal, cinta, rumor, beso, onda) es B (tú, que...).
C (onda, cometa, lamento, ansia)   es D (yo, que...).

Los miembros B y D tienen la misma organización: pronombre con una determinación adjetiva. Los miembros
A y C sólo coinciden en estar formados por una pluralidad
de sustantivos que son sus núcleos fundamentales, pero
la organización interna de cada uno de ellos es muy distinta
y de gran complejidad.

Comparando la estructura de los dos poemas podemos
ver con bastante claridad cómo la primera es cerrada,
ya que los dos miembros de la identidad configuran una
estructura completa que termina en sí misma. Por el
contrario, la segunda es abierta, al estar formada por dos
elementos paralelos, que constituyen una serie que podría
prolongarse indefinidamente.

Otra estructura frecuente es la que reproduce el esquema de la interrogación. Como siempre sucede, puede ser
absolutamente simple o complicarse con diversas ramificaciones. Aparte de los poemas constituidos sólo por una

pregunta y su respuesta («¿Qué tienes, díme, Musa de mis cuarenta años? —Nostalgias de la guerra, de la mar y el colegio»), quizá el ejemplo más sencillo sea el de Bécquer *¿Qué es poesía?* Un ejemplo más complejo es la *Balada para los poetas andaluces de hoy* de Alberti, construida a base de la repetición del esquema pregunta-respuesta:

> ¿Qué cantan los poetas andaluces de ahora?
> ¿Qué miran los poetas andaluces de ahora?
> ¿Qué sienten los poetas andaluces de ahora?

Cada pregunta lleva dos respuestas organizadas en dos series paralelas:

> cantan con voz de hombre (...) cantan y cuando cantan...
> con ojos de hombre miran (...) miran y cuando miran...
> con pecho de hombres sienten (...) sienten y cuando sienten...

El resto del poema repite el esquema básico, aunque en distintas proporciones: es mayor el número de preguntas (que se repiten con pequeñas diferencias de matiz) y menor el de las respuestas.

La relación entre pregunta y respuesta es muy variable. Puede haber una pregunta inicial con muchas respuestas. En *¡Dos amores, Jacinta!*, Moreno Villa se pregunta: «¿Hay un amor español / y un amorzuelo anglo-sajón?». La respuesta comprende varias afirmaciones: «Míralos, Jacinta, (...) mira ese... mira ese otro (...) uno es un torillo... y otro...», etc. O, al contrario, puede haber muchas preguntas y una respuesta única: *¿Dónde?*, también de Moreno Villa, tiene ocho preguntas y una sola respuesta. Hay poemas que son sólo una pregunta o varias (*El pájaro*, de Alberti) sin respuesta. Y poemas que son la respuesta a una pregunta no formulada, pero implícita («Sí, vomité, rechacé, / Mundo, lo que me sobraba, / Pero te guardé mi fe»).

Los poemas que se ajustan al esquema pregunta-respuesta suelen ser de estructura cerrada. Los que carecen de uno de los miembros (pregunta o respuesta) tienen estructura abierta.

Una estructura frecuente es aquella que consta de varios elementos independientes entre sí y dependientes todos ellos de otro elemento. En la primera parte del poema de Salinas, *¡Qué alegría vivir!*, encontramos una estructura de este tipo. En el correspondiente comentario puede verse el análisis completo. Ahora resumimos brevemente; el elemento independiente es la exclamación « ¡Qué alegría! »; de él dependen cinco elementos que, entre sí, son independientes:

Qué alegría
{
vivir sintiéndose vivido
rendirse a la gran certidumbre
que (...) la verdad trasvisible es...
que hay otro ser por el que miro el mundo
que hay otra voz...
}

Es una estructura que podemos llamar «aditiva». Como los miembros de una suma, los elementos son independientes entre sí, pero unidos producen un resultado que es el elemento principal.

Aunque en el ejemplo anterior responden al esquema de la subordinación, no tiene por qué ser así. Más importante que la dependencia sintáctica es el efecto aditivo. Pongamos otro ejemplo. En el poema de León Felipe, *Como tú*, encontramos un elemento inicial que es el resumen anticipado de todo el poema: «Así es mi vida, piedra, como tú». Esta «viga maestra» está sostenida por ocho columnas independientes entre sí:

—como tú, piedra pequeña
—como tú, piedra ligera
—como tú, canto que ruedas por las calzadas y por las veredas
—como tú, guijarro humilde de las carreteras, etc.

Los ocho elementos, independientes entre sí, «sostienen», ilustran, ejemplarizan, especifican o desarrollan un elemento principal, del cual dependen y al cual equivalen. Estos poemas son de estructura abierta, ya que los elementos «aditivos» podrían prolongarse indefinidamente. Se podrían representar por la fórmula:

$$A = a + b + c... + n.$$

Creo que las estructuras más frecuentes son las que se basan en la repetición de un elemento o de varios, combinados. El elemento que se repite puede ser absolutamente idéntico siempre, o llevar variantes. Veamos ejemplos. En el *Llanto por Ignacio Sánchez Mejías*, la primera parte se construye sobre la reiteración del complemento circunstancial «a las cinco de la tarde»:

Un niño trajo la blanca sábana
a las cinco de la tarde.
Una espuerta de cal ya prevenida
a las cinco de la tarde.
Lo demás era muerte y sólo muerte
a las cinco de la tarde.

Todo el poema se construye mediante la alternancia del elemento ya conocido y un elemento nuevo. Los dos versos finales introducen una variación que es lo que sirve para cerrar el poema. La fórmula que lo representa es: *Ax, Bx, Cx, Nx*.

En dos de los poemas que comentamos, *Se equivocó la paloma* y *El penado*, se da este tipo de estructura.

La complejidad del elemento reiterado *(x)* varía de unos poemas a otros. En el poema de Bécquer, *Olas gigantes que os rompéis bramando*, la estructura no se basa, como parece a primera vista, en la repetición del elemento «¡llevadme con vosotras!», sino en la repetición de un esquema sintáctico más amplio:

núcleo sustantivo + proposición adjetiva + participio modal + imperativo:

olas gigantes	que...	envuelto...	llevadme
ráfagas de huracán	que...	arrastrado...	llevadme
nubes de tempestad	que...	arrebatado...	llevadme.

Este esquema se repite tres veces.

Las estructuras que se basan en la repetición de un elemento son abiertas pero, normalmente, se cierran con la introducción de otro elemento nuevo que rompe la secuencia creada por la repetición. Generalmente, este elemento es sólo una variación de alguno ya existente en el poema, aunque puede ser totalmente nuevo. El poema de Lorca acaba:

> ¡Ay, *qué terribles* cinco de la tarde!
> ¡Eran las cinco *en todos los relojes*!
> ¡Eran las cinco *en sombra* de la tarde!

Los subrayados señalan los elementos nuevos que, como se ve, se insertan en otros ya conocidos. Lo mismo sucede con el final del poema *Olas gigantes*, ya citado, y con el de Ros de Olano *El penado*, que comento en este libro. Sin embargo, el de Alberti *(Se equivocó la paloma)* termina con la introducción de un elemento completamente nuevo.

En algunos casos, las distintas perspectivas que hay en un poema determinan su estructura. Los elementos que la constituyen son los diversos puntos de vista que inciden sobre la realidad. En el poema de Alberti, *Joselito en su gloria*, hay tres puntos de vista: el del narrador, el del río Guadalquivir y el de Joselito. Según que los puntos de vista se sucedan ordenamente o se alternen o intercalen, se originan diferentes estructuras. La parte central del *Romance sonámbulo* se basa en la alternancia ordenada de dos puntos de vista: «Compadre, quiero cambiar / mi caballo por su casa» (...) «Si yo pudiera, mocito, / este trato se cerraba»...

Incluso aunque el punto de vista se reduzca a uno sólo (el del narrador o la voz que habla en primera persona), los distintos enfoques que haga sobre la realidad pueden originar estructuras diferentes. Igual que una sola persona, sin variar su postura, puede abrazar distintos aspectos del mundo circundante, el poeta puede dirigir su atención a distintos aspectos de la realidad. Estos «fragmentos» de la realidad pueden estar organizados según alguna ley y su organización, constituir la estructura fundamental del poema. Su representación gráfica puede ser:

Pongamos algún ejemplo.

En el poema de Cernuda, *Unos cuerpos son como flores*, la atención del poeta se centra de forma sucesiva en «los otros» («unos cuerpos... otros... otros... todos»), el hombre, considerado en general («el hombre se agita... sueña...»), y su propio yo («yo que no soy piedra...»). En el poema no hay estrofas, pero un espacio blanco marca una separación entre cada una de esas tres partes. No me cabe duda de que la estructura fundamental del poema viene dada por la relación del poeta con la materia tratada. Sería una estructura formada por dos planos concretos (los otros - yo), separados por un plano abstracto (el hombre).

En el poema de Aleixandre, *En la plaza*, la estructura la constituyen una sucesión alternante de planos cada vez más cercanos a la persona del poeta. Comienza en un plano impersonal («Hermoso es...», «no es bueno»); sigue su plano personal referido a una tercera persona («ese que vive ahí»); vuelve de nuevo a la impersonalidad («*era* una gran plaza abierta y *había* olor a existencia»), para bajar paulatinamente a un plano personal de un *tú* asimilable al propio poeta («no te busques en el espejo»).

En el poema de Rosalía de Castro, *Adiós ríos, adiós fontes*, oímos los adioses de un emigrante. Su atención es solicitada por multitud de elementos que se agrupan en múltiples planos. Pero con gran desorden se pasa continuamente de lo general a lo particular, de lo cercano a lo lejano, de lo pequeño a lo grande, de lo divino a lo humano. Esta estructura desordenada (no caótica, porque obedece a leyes psicológicas) reproduce el desorden emocional de la persona que habla.

Creo que la estructura de estos poemas puede considerarse abierta, ya que tiene el carácter de una secuencia enumerativa a la que siempre se podrían añadir nuevos puntos de vista. Aun en el caso de que el orden de sucesión aparezca claramente predeterminado (de lo imper-

sonal a lo personal; de lo abstracto a lo concreto; del
mundo exterior al interior del poeta, etc., o al revés), la
adición siempre sería posible, estructuralmente hablando,
aunque por el significado el poema nos parezca «completo».

Finalmente, querría señalar que mi experiencia personal en el comentario y en la práctica colectiva de él me
llevó a dar mucha importancia a la brevedad o longitud
de los poemas. En principio parece cuestión baladí, pero
si pensamos que *nada* condiciona la longitud de un poema
excepto el gusto de su autor, la amplitud con que éste
decide tratar el tema será, o bien una característica personal, o bien un artificio que le permite comunicar mejor
sus vivencias. En el primer caso, tenemos que pensar que
igual que hay personas de «pocas palabras» y personas
de verbo abundante, estas características se dan en el
poeta. Alguno, por talante, preferirá condensar sus ideas
en el molde de unas pocas palabras, y otro preferirá que
éstas se abran camino paulatinamente, sin límites de
tiempo. Pero, la mayor parte de las veces, la longitud de
un poema es uno más de los recursos que el escritor
emplea para hacernos participar en sus vivencias. En el
poema de Aleixandre que comentamos (*En la plaza*), la
amplitud del verso y la longitud del poema se acomoda
perfectamente a la impresión de marea humana que pretende comunicar el poeta, y la lentitud con que las ideas
se van desarrollando (repitiéndose y ampliándose poco a
poco) reproduce el movimiento del río humano formado
por todos los corazones de los hombres.

En los poemas breves creo que se pueden distinguir
dos tipos fundamentales. En unos, la brevedad es el producto de una concentración expresiva. El poeta ha suprimido los elementos menos necesarios para la comprensión;
ha seleccionado el material dejando lo que podríamos con-

siderar imprescindible. Esta brevedad concentrada es característica de J. Guillén, pero aparece con frecuencia en la generación del veintisiete y, con carácter más o menos esporádico, se puede encontrar en multitud de poetas.

En otros casos, la brevedad del poema actúa como un recurso que nos hace compartir con el poeta una nota fundamental de la vivencia primitiva. La brevedad reproduce el carácter de la visión personal que el poeta quiere comunicarnos. Muchos poemas de *La amante*, de Alberti, responden a este criterio. ¿Se podría alargar más el poema que titula *De Aranda de Duero a Peñaranda de Duero*?:

> ¡Castellanos de Castilla,
> nunca habéis visto la mar!
> ¡Alerta, que en estos ojos
> del sur y en este cantar
> yo os traigo toda la mar!
> ¡Miradme, que pasa el mar!

El poema tiene que ser breve para que la gracia del desplante, la arrogancia joven y alocada del «marinero en tierra» no se convierta en fanfarronada. El poeta ha mirado la ancha meseta burgalesa y, de pronto, él se ha sentido mar y se ha ofrecido en espectáculo ante esas tierras y esos ojos de tierra adentro. Todo tiene que ser breve y rápido como un gesto espontáneo y no meditado. Si se prolongara, sería orgullo, incomprensión, petulancia hueca. Al poeta, la espuma del mar (de ese mar que le «tira del corazón») se le ha subido a la cabeza, y con un gesto ha mostrado a los castellanos de Castilla la alegría, la belleza, la riqueza que él posee y que ellos ni siquiera conocen. No tendría sentido alargar el poema desarrollándolo ampliamente. La brevedad ha de reproducir esa explosión fugaz de nostalgia y alegría, el carácter de exaltación momentánea de la vivencia.

Mil problemas más podrían tratarse sobre el comentario de textos, pero no he pretendido hacer un trabajo sistemático o exhaustivo, sino sólo recoger en unas breves notas mi experiencia de unos años. Me gustaría que este libro fuese, fundamentalmente, *útil*, en un doble sentido: como ejemplo de un tipo concreto de comentarios que pueden servir de modelo; pero, sobre todo, como exponente de una personal actitud crítica. Nunca me cansaré de repetir que, ante la literatura, como ante todo, lo primero es comprender. Después, criticar. Desgraciadamente, en España, con demasiada frecuencia se hace crítica sobre lo que no se comprende.

I

ANTONIO ROS DE OLANO

El penado

—¡Ay del ay que al alma llega!
Por matar a una mujer
incurrí en la última pena;
mas trocó el rey la condena,
y mi vida es padecer
amarrado a una cadena...
—¡Ay del ay que al alma llega!
Me quitó el juez mi caballo;
el alguacil, la vihuela;
me quitaron lo que callo...
¡Regalo de ella, y no hallo
memoria que más me duela!
—¡Ay del ay que al alma llega!
¡Camposanto de Jerez,
si ella en ti resucitara
y a mí me soltase el juez,
la mataría otra vez,
antes de verle la cara!
—¡Ay del ay que al alma llega,
por matar a una mujer!

Nos encontramos ante un poema de apariencia popular. Parece una de esas coplas surgidas al hilo de los hechos, que conservan todavía el calor y el desgarro de lo reciente, que brotaron espontáneamente de unos labios y del rasgueo de una guitarra. Sin embargo, la sólida y trabada arquitectura en que se organiza su contenido, la medida distribución de éste, la utilización de artificios retóricos que permiten destacar primero unos elementos y luego otros, nos hacen ver que el poema no es el fruto de una improvisación popular, que da rienda suelta al sentimiento al margen de los recursos del arte, sino de un poeta que conoce y sabe utilizar la técnica.

La creación de formas poéticas que reproduzcan el estilo popular de la copla o de la canción es una tentación para el poeta culto, que de diversos modos intenta el acercamiento a la inspiración del pueblo. La utilización de esquemas conocidos —villancico, soleá— es uno de los medios más frecuentes. Pero lo fundamental es acertar —y esto es intuitivo— con esa forma especial de expresión, a un tiempo concentrada y simple, que tiene lo auténticamente popular.

Vamos a ir analizando detenidamente el desarrollo del poema, para ver los recursos empleados por Ros de Olano.

Desde el primer verso, nos encontramos con una forma expresiva de gran complejidad, que descomponemos para su análisis en los elementos que en él se encuentran fundidos. Son los siguientes:

1.º ¡AY! Exclamación emocional carente de valor conceptual. Puede expresar dolor físico o espiritual, sorpresa, fastidio, etc. Sirve para indicar un estado emocional sin concretar el objeto o la causa.

2.º ¡AY DE! Indica pena, temor, conmiseración, augurio o amenaza de males futuros. Concreta y limita la amplia significación del primer elemento.

3.º ¡AY DEL AY! Fonéticamente imitativo del cante popular andaluz. Parece el comienzo de una copla del «cante jondo».

4.º EL AY QUE AL ALMA LLEGA. Limita en sentido espiritual y de intensidad el elemento inicial. De todos los ayes posibles, se descartan los que indican emoción superficial o dolor físico. Seguimos ignorando la causa u objeto del sentimiento.

Hasta ahora nos movemos en un plano puramente emocional. A lo largo del poema, aparecerán expresados en forma conceptual los sentimientos que en este primer verso brotaron en estado puro: la pena, el temor, la conmiseración, el augurio de males. Lo que da al primer verso su gran fuerza expresiva es, de una parte, la concentración de los cuatro elementos (cada uno de ellos capaz de expresar estados emocionales por sí solo) en una sola unidad significativa: «¡Ay del ay que al alma llega!». Y, de otra parte, la ausencia de correlato conceptual; es decir, la expresión del sentimiento puro, el carácter de interjección (grito, suspiro) que ha conseguido dar a este primer verso.

La estructura del poema se basa en la repetición de un elemento. Su fórmula es la siguiente:

$$X5a\ X5b\ X5c\ Xa$$

El elemento repetido —X— es el verso primero. Cada aparición de este elemento va seguida de un desarrollo que ocupa cinco versos (una quintilla) y que representamos

con las letras *a, b* y *c,* precedidas del número cinco. En
la última aparición de X se rompe la secuencia anterior,
ya que no se desarrolla en cinco versos, como había sucedido hasta entonces, sino que se cierra el poema con un
verso que ya había aparecido antes, aunque en función
secundaria. Al romperse en él la secuencia, este último
verso queda realzado. En él se concentra la atención del
lector (u oyente, más bien). De esta manera, con la introducción de un elemento nuevo (que no lo es totalmente,
como sucede casi siempre en las estructuras reiterativas)
se cierra la estructura del poema.

Tras la explosión emocional del primer verso, el poeta
comienza a contar *los hechos* que le han colocado en tal
situación.

En la primera quintilla podemos observar una interesante mezcla de subjetivismo e intento de objetividad, que
se refleja en las formas lingüísticas empleadas. Hay un
deseo de objetividad y de distanciamiento por parte del
que habla. En primer lugar, utiliza un verbo en forma
impersonal para expresar el hecho del que se derivan sus
desdichas: «por matar». Fijémonos en que no dice «porque
maté», o cualquier otra expresión con verbo personal, en
la que el sujeto quedaría de manifiesto, sino que se repliega
a la impersonalidad del infinitivo. Pero hay más. El complemento de este infinitivo, el objeto sobre el que recae
la acción, va introducido por el artículo indefinido: «por
matar a *una* mujer». No «mi mujer» o cualquier otro
índice que nos permita saber qué grado de conocimiento
o relación existía entre ambos personajes. En esta primera
aparición, la mujer se presenta como alguien absolutamente indeterminado. Esta indeterminación es, sin duda,
voluntaria, ya que no se trata de cualquier mujer indeter-

minada, sino de alguien muy importante en la vida del que habla, como veremos más adelante.

El verbo «incurrí» apunta al voluntarismo de la acción, a su carácter de hecho querido, en el que el hablante desempeña un papel fundamental. Compárese con la impersonalidad de la frase anterior o con otras posibles como «me condenaron», en las que el hablante desempeñaría un papel pasivo.

La sintaxis se tiñe absolutamente de subjetividad en el verso tercero de la quintilla («mas trocó el rey la condena»). Por gracia del «mas» inicial, el indulto real se presenta como un hecho «adverso», que vino a oponerse al desarrollo normal (y *deseado*) de los acontecimientos.

Las consecuencias *actuales* de los hechos pasados («incurrí», «trocó») se expresan mediante una oración atributiva identificativa, en presente, cuyo valor expresivo creo que dimana, precisamente, de su sencillez: «mi vida es padecer».

La impersonalidad del hecho causal y la indeterminación del objeto (*una* mujer) hacen que la atención se concentre en lo que se nos presenta como el resultado actual de los hechos pasados: el padecer del penado.

Creo que, en este momento, es interesante el cotejo del poema de Ros de Olano con una de las versiones populares del cantar. La que yo conozco —y debe de haber más, pero como ejemplo una es suficiente— dice así:

> Por matar a una mujer
> *tocóme* la última pena,
> *me firma* el rey la condena
> y *comienza el* padecer
> amarrado a una cadena.

Frente a la versión popular, el poeta culto ha destacado el voluntarismo del penado —«incurrí»— y ha cambiado el sentido de la canción: no es el canto de alguien que va a morir, sino del hombre sin libertad. También en cuanto a la perspectiva temporal ha realizado un cambio importante. En la versión popular, el «me firma» sitúa la acción en el presente y el padecer es un hecho reciente («*comienza* —ahora— el padecer»). Ros de Olano, mediante el uso de los indefinidos («incurrí», «trocó»), produce la impresión de un largo espacio temporal entre los hechos y el presente. La igualdad «mi vida es padecer» viene apoyada por ese lapso de tiempo entre los hechos pasados y el momento en que se habla. El poeta mantiene el verso primero, que me parece muy típico de los cantes populares por su indeterminación cargada de sugestión, y el verso final, por su carácter «escenográfico», también muy característico del folklore (una «carcelaria» sin cadena o sin reja perdería su aire popular, y el poeta no se arriesga a suprimir ese verso que, por lo demás, es poco expresivo: trillado, vulgar).

Al pasar de canto del condenado a muerte a canto del hombre que ha perdido la libertad, el poeta va a darnos un sutil análisis de los sentimientos del penado. El tiempo transcurrido entre los hechos y el momento en que habla hace que sus palabras cobren hondura; no son palabras dictadas por la pasión o el miedo; son las de un hombre que tiene tiempo para reflexionar.

Lo que ha quedado de relieve en la primera quintilla es el dolor del penado («mi vida es padecer»): ¿por la falta de libertad? Esa es la impresión que produce, pero veamos si hay algo más.

> Me quitó el juez mi caballo;
> el alguacil, la vihuela.

Diciéndonos lo que le quitaron, nos hace ver qué es lo que echa en falta: un caballo y un instrumento para tocar. Fijémonos en que, frente a la indeterminación de «una mujer», aquí los dos objetos aparecen muy determinados; «*mi* caballo», «*la* vihuela». Los dos nos sirven para caracterizar al personaje. No habla de casa, campos, bueyes, cualquier tipo de bienes fijos, enclavados en un lugar concreto. ¿No los tiene o no los estima como para lamentar su carencia? ¿Es, quizá, un vagabundo, un juglar, un gitano? El poeta, como el pueblo, lo va a dejar sin concretar. Nos va a decir sólo que este hombre, de todos sus bienes perdidos, recuerda especialmente su caballo y su gitarra, dejando el camino abierto a todo lo que, como símbolos, representan esos objetos. Y hay más:

> me quitaron lo que callo...
> ¡Regalo de ella, y no hallo
> memoria que más me duela!

Desplante y pudor, a un tiempo. Desplante del hombre que se calla porque no le da la gana de decirlo, porque nadie tiene derecho a saber qué es eso que él estima sobre todo. Pudor que le lleva a velar un detalle de su intimidad: el regalo que ella le hizo y cuya carencia le duele más que todas las cosas.

Desplante y pudor son dos rasgos muy típicos hispanos. El pudor, que lleva a velar detalles físicos de la mujer amada, que pone un freno a la libre expansión del sentimiento, fue una de las notas que dio carácter y personalidad propia en España a un movimiento tan europeísta e imitativo como el petrarquismo. El desplante, la expresión de la «real gana», el desafío ante el peligro, el gesto enfático, todo eso que se hizo movimiento y plástica en el toreo, aparecen una y otra vez en la poesía auténtica o pretendidamente popular.

Estos versos arrojan un nueva luz sobre el poema. El tema amoroso hace irrupción de forma brusca, inesperada y rotunda, como algo que se ha mantenido oculto a la fuerza y que, cuando brota, lo hace incontenibrlemente. El hombre nos ha querido presentar su delito como un hecho impersonal, algo por lo que estaba dispuesto a pagar un precio justo: una vida por otra, una muerte por otra muerte. Pero el indulto le hace enfrentarse con una existencia vacía, desposeída de aquellas cosas que amaba: su caballo, su guitarra... y es entonces, al evocar lo que ama, cuando surge, de un modo que nos parece espontáneo, «ella». No «una mujer»; tampoco un nombre, ni una denominación que nos permita saber qué relación había entre ambos. Sólo «ella», el puro y simple pronombre que designa a la persona en su forma más escueta, indicativo de una intimidad que sólo los amantes comparten. («¡Qué alegría más grande vivir en los pronombres!», dirá Salinas). El amor ha saltado a primer término, y el primer indicio de su aparición es la utilización de la forma lingüística «ella». La contraposición «una mujer» —«ella» indica el cambio de actitud. El término «mujer» pasa de la indeterminación vaga a la intimidad del pronombre personal. De igual modo que el «incurrí» frente a «tocóme» era índice del voluntarismo, la iniciación del tema amoroso viene indicada por el cambio en la denominación.

El poema adquiere, pues, una mayor complejidad de sentimientos, ya que nos encontramos ante un hombre que no sólo lamenta su libertad perdida, sino que sigue amando a la mujer a quien mató.

El recuerdo de la mujer trae consigo el del cementerio. También Antonio Machado, que tantas veces recreó lo más bello del cante popular andaluz, recordando a Leonor, acaba un poema con una bellísima evocación del cementerio: «el muro blanco y el ciprés erguido». Aquí se trata de una evocación de carácter más localista, que tiene la ventaja de situar geográficamente los hechos:

¡Camposanto de Jerez!

Y, luego, dos versos que sugieren las esperanzas, los sueños, los deseos del penado:

si ella en ti resucitara
y a mí me soltase el juez...

¿Qué sucedería? ¿Qué es lo que los versos anteriores nos hacen pensar que sucedería? Primero lamentó su vida encadenada por un azar del destino; después surgió el dolor más agudo: la pérdida de las cosas que amó. Entonces, ¿si todo volviese a empezar? La tercera estrofa sube como en un crescendo de ilusiones: si ella resucitara, si a mí me soltase el juez... Y a partir de aquí, en una rápida caída, dos afirmaciones tremendas:

la mataría otra vez,
antes de verle la cara.

Lo que humaniza, lo que da profundidad y hondura de tragedia a esa decisión es el verso final: «antes de verle la cara».

No sabemos qué ha sucedido, quiénes son este hombre y esa mujer: fragmentarismo típico de la poesía popular y que el autor recreó fielmente. Se ha suprimido lo anecdótico, lo innecesario. Como si el tiempo lo hubiera limado, ha quedado sólo lo esencial. Un hombre que mata a la mujer que ama, que sigue amándola después de muerta y que volvería a matarla a pesar de ello, pero que, consciente de su debilidad, confiesa que lo haría «antes de verle la cara», para que el amor no se le convierta en compasión o perdón. ¿Qué le hizo esta mujer? ¿Con quién, cómo le traicionó? Nunca lo sabremos.

La complejidad de sentimientos confiere al hecho de la muerte una categoría más profunda que la de una simple venganza personal. Hay algo de ritual, de sacral en esa muerte. Oscuras razones que van más allá de su propio ser, que se enlazan con sentimientos del inconsciente colectivo, con antiguos tabúes primitivos, han movido la mano de este hombre. Y en él luchan esas fuerzas ancestrales, irracionales, primarias, que exigen la muerte de la mujer infiel, contra las fuerzas de su ser individual, que ama, que recuerda, y reconoce su debilidad ante el rostro de la persona amada.

El poema se cierra con la repetición del estribillo, unido a un verso que antes apareció en distinta función —causal— y ahora le da su sentido definitivo. Lo que, al comienzo, era pura expresión emocional, carente de contenido concreto, lo ha ido adquiriendo a lo largo del poema. El ay que llega al alma es el de aquel que ha matado a una mujer a quien ama y a la que, sin embargo, tendría que volver a matar si resucitara.

El uso de «una mujer» en el último verso, aparte de venir forzado por la anterior aparición de ese verso, puede obedecer al deseo de elevar la anécdota concreta a categoría universal: no importa que ahora se trate de «ella» y de mí, lo que importa es la magnitud del dolor, de ese ay que llega al alma de todo el que se encuentre en esa situación de tener que matar a la mujer que ama.

Creo que es propio de un poeta culto el paulatino desarrollo de los distintos aspectos del poema, la aparición sucesiva de los temas y la estructura cerrada, acabada: un grito inicial, cuyo sentido comprendemos totalmente en el último verso. Lo auténticamente popular es siempre más breve, más irregular, más fragmentario, más inexplicable, mucho más difícil de analizar.

II

GUSTAVO ADOLFO BÉCQUER

Saeta que voladora
cruza, arrojada al azar,
sin adivinarse dónde
temblando se clavará;

hoja que del árbol seca
arrebata el vendaval,
sin que nadie acierte el surco
donde a caer volverá;

gigante ola que el viento
riza y empuja en el mar,
y rueda y pasa, y no sabe
qué playas buscando va;

luz que en cercos temblorosos
brilla, próxima a expirar,
ignorándose cuál de ellos
el último brillará;

eso soy yo, que al acaso
cruzo el mundo, sin pensar
de dónde vengo ni a dónde
mis pasos me llevarán.

El poema está formado por cuatro cuartetas asonantadas con la misma rima (aguda) en á.

Su estructura es la de la oración atributiva identificativa: A es B. El primer término de este esquema es múltiple: saeta, hoja, ola, luz. El segundo consta de un solo elemento: yo. Pero, a su vez, cada uno de los elementos del primer término se ajusta a un esquema sintáctico que se repite en los cuatro, y que consiste en un sustantivo más una determinación adjetiva introducida por «que». La estructura del poema queda así configurada:

Primer término:

    sustantivo + proposición adjetiva *(saeta que voladora)*
    sustantivo + proposición adjetiva *(hoja que del árbol)*
    sustantivo + proposición adjetiva *(ola   que el viento)*
    sustantivo + proposición adjetiva *(luz   que en cercos)*

Segundo término:

    pronombre + proposición adjetiva *(yo   que cruzo).*

Enlace entre ambos términos: verbo identificador (soy).

Teniendo en cuenta que el verbo atributivo en presente equivale a un signo de igualdad, y que el primer término consta de cuatro elementos semejantes, podemos representar la estructura mediante la fórmula siguiente

$$A (a_1 + a_2 + a_3 + a_4) = B.$$

La construcción es en hipérbaton, ya que se enuncian en primer lugar los cuatro elementos del primer término de la identidad, manteniendo en suspenso la atención hasta la última estrofa del poema.

Todo el poema, en cuanto construcción lingüística, es una metáfora, cuyo término metaforizado es simple (yo) y el metafórico, compuesto (saeta, hoja, ola, luz). Responde al esquema más simple de la metáfora, aquel en el cual los dos términos están presentes (tipo «tus dientes son perlas»).

Como en toda metáfora la elección del término metafórico es sumamente reveladora de la cosmovisión del poeta, pasamos a analizar las cuatro partes de que se compone. Cada uno de los elementos que constituyen el término metafórico se desarrolla en una estrofa.

Varias observaciones hay que hacer en la primera estrofa. El término «saeta», que ocupa un lugar de privilegio en el poema (primera palabra del primer verso), va absolutamente determinado y transformado por los otros términos que se refieren a ella. «Saeta» significa, en principio, un arma, un instrumento hiriente, tiene connotaciones de agresividad y violencia. Pero ninguna de ellas aparece en el texto, sino que, por el contrario, aparece transformada y enriquecida con notas ajenas al concepto originario. El adjetivo «voladora» es el primero que lo modifica sutilmente, haciéndole pasar del orden de lo inanimado (instrumento, objeto) al orden de lo animado. La saeta aparece «vivificada» por el hecho de volar. Esta «animación» o «vivificación» es un primer acercamiento a la esfera de lo humano. Una paulatina «personalización» de la saeta va a permitir la identificación final. El poeta nos va a hacer ver la semejanza *real*, hasta entonces desconocida por nosotros, entre ambos términos. El descubrimiento de estas relaciones ignotas es la base de la eficacia expresiva de la metáfora, y, por tanto, de este poema que, fundamentalmente, es sólo una metáfora de mayor complejidad que las habituales.

La segunda nota, «arrojada al azar», deja desprovisto al objeto al que se aplica de las connotaciones de agresividad latentes en él. No es algo *dirigido contra*, es decir, no es un objeto cuya finalidad inmediata sea producir daño.

Finalmente, el gerundio «temblando» humaniza definitivamente al término saeta. En primer lugar, las saetas no «tiemblan», sino que «vibran»; el temblor lo sentimos como una cualidad propia del hombre y sugiere ideas de temor, indefensión, debilidad...

Destaquemos, además, en esta visión de la saeta voladora, la no mención del ser que arroja la saeta, el agente desconocido, y la falta de finalidad de la trayectoria. Este último aspecto está subrayado desde dos puntos de vista; el que ve cruzar la saeta ignora cuál es su destino («sin adivinarse dónde...»). Pero tampoco existe finalidad por parte del autor del movimiento, lo cual es, me parece, más significativo. Así, la saeta se nos presenta como «arrojada al azar».

En la segunda estrofa notemos el hipérbaton «hoja que del árbol seca» (no «hoja seca que del árbol»). A varios motivos puede obedecer. Podemos pensar que le interesaba destacar la característica de «seca» y para eso la situó al final del verso, haciendo recaer sobre la palabra el acento rítmico; pero lo más probable es que intente mantener el esquema sintáctico que inició en la primera estrofa: «saeta que»; «hoja que». En realidad, en ambos casos hay hipérbaton, aunque el segundo violenta más el orden habitual de la frase.

En esta segunda estrofa se nos presenta al ejecutor de la acción: el vendaval, ser poderoso y devastador; fuerza de la naturaleza cuyo sentido, si lo tiene, se nos escapa. Como en la estrofa anterior, contemplamos una trayectoria que no obedece a razones o motivos conocidos, que es producto del azar.

Notemos que la construcción de infinitivo de la primera estrofa («sin adivinarse») y el «nadie» de la segunda generalizan la impresión de la falta de sentido. No se trata de que el poeta no adivine o no acierte; nadie lo hace.

En la tercera estrofa nos llama la atención el adjetivo antepuesto. Hasta este momento, la palabra inicial había sido un sustantivo (saeta, hoja). Ahora se destaca poniéndola en primer lugar una cualidad que lleva implícitas notas de fortaleza o poder: «gigante».

La personificación del objeto «ola» se consigue haciéndole actuar como sujeto de verbos que expresan acciones típicamente humanas: «no sabe», «buscando va». Aquí es el mismo sujeto de la acción quien se hace consciente de la falta de sentido de su obrar.

El puente entre el término metafórico y el metaforizado está a punto de concluirse. Las notas de la primera estrofa sugieren el carácter humano; la segunda lo acentúa al utilizar el término «hoja seca», cuya comparación con la vida humana es casi un tópico. En la tercera, la relación con lo humano es ya evidente.

Hay también que hacer notar, en esta tercera estrofa, un rasgo que aparece en el otro gran poeta contemporáneo de Bécquer, Rosalía de Castro: la búsqueda de algo cuya naturaleza se ignora. Versos muy similares se encuentran en ambos poetas, aunque su motivación pueda ser diferente.

En cuanto al agente de la acción, se trata de una variante del de la segunda; allí, vendaval; aquí, viento.

En la cuarta estrofa nos encontramos con el elemento más abstracto de los cuatro que constituyen el término metafórico: luz. La circunstancia «en cercos temblorosos» sugiere un ambiente de oscuridad circundante, de tiniebla, medroso. El adjetivo «temblorosos» viene a reforzar la primera impresión recibida al hablar de la saeta; «temblando», «temblorosos» se refieren al mismo tipo de vivencias. Desde el punto de vista de la estructura, viene a ser un elemento de cierre de la primera parte; es decir, del desarrollo del primer término de la metáfora.

La expresión «próxima a *expirar*» hace culminar también el procedimiento de «humanización» de lo inanimado, ya que se trata de un verbo con aplicación casi exclusiva a los seres humanos. De modo que, tanto estructuralmente como desde el punto de vista del significado, se cierra aquí el desarrollo del primer término de la identificación.

La última estrofa expresa en forma directa ideas que, en su mayor parte, estaban implícitas en los versos anteriores. Antes de hacer un resumen de ellas, examinemos el paralelismo entre las cinco estrofas, que en algunos casos es total, de ideas y de construcción, y en otras parcial, pero que, en conjunto, demuestra la sólida arquitectura del poema.

Elementos paralelísticos entre las cinco estrofas:

1.ª	2.ª	3.ª	4.ª	5.ª
saeta que	hoja que	ola que	luz que	yo que
... ...	seca	... ...	próxima a expirar	... ...
cruza arrojada	arrebata	empuja		cruzo
al azar	el vendaval ..	el viento	... ...	al acaso
sin adivinarse	sin que nadie acierte	no sabe	ignorándose .	sin pensar
temblando	... ...	... ...	temblorosos .	
se clavará......	volverá	buscando va.	brillará	me llevarán.

En la última estrofa, el poeta se presenta como un ser que cruza el mundo «sin pensar» de dónde viene ni a dónde va. Si el verbo «pensar» no viene forzado por la rima en *á*, lo cual hay que dar por supuesto en un poeta de la categoría de Bécquer, se nos plantean interesantes posibilidades de interpretación. Recordemos que, en tres de las estrofas, la falta de finalidad se presenta de una forma generalizada: «sin adivinarse», «sin que nadie acierte», «ignorándose cuál»... En una de ellas se presenta a un objeto —«ola»— como sujeto de un verbo tan «personal» como «saber» («*no sabe* qué playas buscando va»). Ahora, cuando ya habla de sí mismo directamente, cuando se ha realizado ya la identidad entre todos los elementos («eso soy yo»), el poeta utiliza la expresión «cruzo el mundo sin pensar». Podemos interpretarlo como un proceso de signo distinto al que hemos visto en la primera parte: allí las cosas se humanizan, acaban «no sabiendo». Aquí, el hombre se cosifica, «no piensa», cruza el mundo como un objeto más. La identidad entre ambos miembros es casi perfecta. Pero sobre esta frase todavía volveremos.

El poema presenta una concepción dinámica de la vida, pero no en un sentido activo que parte del sujeto, sino pasivo: saeta arrojada, hoja arrebatada, ola empujada... Destaca la falta de finalidad: al azar cruza la saeta; al acaso, el poeta.

Por otra parte, el hombre se presenta como un ser no esencialmente débil, pero sí circunstancialmente; es decir, hay fortaleza potencial en la saeta y en la ola gigante. Pero es una energía anárquica que las circunstancias convierten en una fuerza sin sentido, hasta hacerlas equivalentes a seres tan indefensos como la hoja o la luz moribunda.

Vivir es ser arrastrado, lanzado, empujado por una fuerza sin sentido (viento, vendaval) o, sencillamente, desconocida e incomprensible para nosotros, como la que lanza la saeta. La cualidad esencial del vivir es la radical ignorancia sobre nuestro origen y fin, sobre el sentido de nuestra existencia. Pero esta afirmación hay que matizarla a la luz de la ya comentada frase «sin pensar». El poeta cruza el mundo *sintiéndose* empujado, zarandeado. Tendemos a creer que cruza sin saber a dónde va; pero, en realidad, él dice que cruza «sin pensar». ¿Acaso si pensara comprendería lo que ahora no comprende? ¿No deja esto un cauce abierto a la esperanza?

Mérito del poeta me parece haber logrado que el lector, casi diría el hombre medio, se sienta implicado en esta problemática. La identificación creo que parte de la cuarta estrofa: todo el mundo comparte la ignorancia sobre el momento en que se apagará la vela (excepto aquel que decide apagarla por sí mismo). También la comparación de la vida con la hoja seca es lo suficientemente habitual como para ser aceptada por una mayoría, al menos en literatura. La ola vendría a simbolizar las ansias ocultas de todo ser humano. Y estos tres términos metafóricos llevarían a la aceptación del más original: la saeta. Pero quizá lo definitivo sea ese «sin pensar», porque «saber» saben muchos, o quieren creer que saben, pero todos estamos dispuestos a admitir que pasamos por el mundo sintiéndonos arrastrados ciegamente y «sin pensar» a dónde vamos o de dónde venimos.

Finalmente, hay que señalar ese maravilloso contraste de la profundidad de las intuiciones y la cuidada construcción paralelística con la sencillez del vocabulario (que no evita las repeticiones: cruza, cruzo) y de los recursos expresivos (no teme las metáforas trilladas: hoja seca). En definitiva, como decía d'Ors: «un acordeón tocado por un ángel». Triste y melancólico ángel, que desde cualquier esquina, bajo una luz de «cercos temblorosos», deja oír las notas de un acordeón que aún sigue escuchándose.

III

ROSALÍA DE CASTRO

Dicen que no hablan las plantas, ni las fuentes, ni los pájaros

Dicen que no hablan las plantas, ni las fuentes, ni los pájaros,
ni la onda con sus rumores, ni con su brillo los astros.
Lo dicen; pero no es cierto, pues siempre, cuando yo paso,
de mí murmuran y exclaman:

— Ahí va la loca, soñando
con la eterna primavera de la vida y de los campos,
y ya bien pronto, bien pronto, tendrá los cabellos canos,
y ve temblando, aterida, que cubre la escarcha el prado.

— Hay canas en mi cabeza; hay en los prados escarcha;
mas yo prosigo soñando, pobre, incurable sonámbula,
con la eterna primavera de la vida que se apaga
y la perenne frescura de los campos y las almas,
aunque los unos se agostan y aunque las otras se abrasan.

¡Astros y fuentes y flores!, no murmuréis de mis sueños:
sin ellos, ¿cómo admiraros ni cómo vivir sin ellos?

El poema está compuesto por tres tiradas de versos de dieciséis sílabas, con hemistiquio central (8 + 8), monorrítmicos y asonantados. Se trata, pues, de un romance escrito según la forma primitiva, sin dividir el antiguo verso épico. La primera serie comprende siete versos y tiene rima *a-o*; la segunda, cinco y rima *a-a*; la tercera, sólo dos que riman en *e-o*.

La estructura del poema es bastante compleja y dejamos su análisis para el final del comentario, ya que así se comprenderá más fácilmente.

Nos parece significativa la elección del verso largo con cesura y la rima asonante. El grupo fónico más frecuente en castellano es el de ocho sílabas. Esto produce una impresión de naturalidad que es aumentada por la suave reiteración de la asonancia y la facilidad de las rimas en *a-o, a-a, e-o,* tan frecuente en el idioma. La medida y la rima no imponen trabas al libre discurrir de lo narrado.

Rosalía no utiliza aquí artificios métricos ni combinaciones rítmicas extrañas, como otras veces hace. Probablemente, la complejidad del contenido, la dificultad de la cosmovisión que quiere expresar, la llevó a emplear unas formas sencillas, que no entorpezcan ni distraigan la atención del oyente. La unión de sencillez y naturalidad de expresión con la complejidad de estructura y significado es lo que convierte al poema en una pequeña obra maestra.

A la simplicidad métrica corresponde la ausencia de figuras retóricas: no hay imágenes, metáforas, símbolos... Sería ingenuo hablar de prosopopeya cuando nos encontramos ante un recurso técnico infinitamente más complicado. El poeta ha partido de un plano de irrealidad, se ha situado desde el comienzo en un mundo donde lo racional, lo lógico, lo habitual aparece trastocado. Desde ese plano nos habla y, como D. Quijote, nos hace sentir la proximidad de la locura y la razón, nos hace dudar de quién es el que, en realidad, está loco.

El poema comienza con una expresión lingüística gramaticalizada: «dicen que». Esta frase, igual que «se dice», es fórmula introductoria de algo que pertenece como hecho posible al dominio de la masa, sujeto vago e indeterminado, pero de gran fuerza, que impone sus probables o dudosas afirmaciones con el peso del plural masivo o desconocido: «dicen que hay cambio de gobierno», «dicen que se llegará a Marte en la próxima década»... Verdadero o falso, el «dicen que» introduce algo que se siente como posible dentro de una colectividad y se refiere a hechos que, de una u otra manera, forman parte del vivir cotidiano. Pero en el poema no sucede así. Encontramos un «dicen que» y, a continuación, dos versos desconcertantes: «que no hablan las plantas, ni las fuentes, ni los pájaros»... Eso no «se dice»; no hace falta decirlo, como tampoco «se dice» que el agua es incolora o que los árboles crecen hacia arriba; es algo que se da por sabido. ¿Quién diría que no hablan las plantas? Sólo alguien que estuviese hablando con un loco o con un niño. En el ámbito colectivo y habitual del «dicen que», esas afirmaciones no tienen cabida. ¿O es que, acaso, se refiere a un lenguaje «espiritual», a esa especie de comunicación con la naturaleza que toda persona sensible *debe* sentir? Después del sobresalto inicial viene un suspiro de alivio; todo vuelve a sus cauces; ¡claro que dicen que no hablan las plantas, etcétera, etc.! Lo dicen esas gentes groseras, burdas, entre las cuales, naturalmente, no nos contamos. Habíamos tenido la impresión de que alguien como un loco o un niño quería empezar a hablarnos. Afortunadamente, el poeta y nosotros estamos totalmente de acuerdo: hay un lenguaje exquisito entre la naturaleza, los animalillos del Señor y nuestro propio espíritu refinado y sensible.

Pero el poeta —el loco, el niño— sigue hablando, y ahora no cabe lugar a dudas:

> Lo dicen, pero no es cierto, pues siempre cuando yo paso,
> de mí murmuran y exclaman: —Ahí va la loca, soñando.

No se trata, pues, de un hablar metafórico, de una comunicación sentimental con pájaros, olas o estrellas. Lo que el primer verso sugería se confirma ahora: estamos en presencia de alguien que *realmente* oye hablar a esos seres.

Los dos primeros versos son equívocos; el contraste entre el «dicen que» y los contenidos siguientes es un índice de locura. Pero el verso segundo, al hablar de los rumores de las olas y del brillo de los astros, inclina la balanza a favor de una interpretación metafórica. En efecto, cualquier comunicación que lográramos con aquellos seres —panteísta, sentimental— podría considerarse un lenguaje. Sin embargo, el poeta deshace pronto el equívoco: no se trata de una comunicación espiritual con ellos. Son seres que hablan, que «murmuran» y «exclaman». Como vecinas chismosas o campesinos ignorantes, las plantas, las fuentes, los pájaros hablan del poeta, comentan su locura. La murmuración es tema repetido en la obra de Rosalía y constante obsesión de su vida; en su obra queda constancia de su sentirse señalada con el dedo. Recelo del poeta o realidad, la murmuración, como la burla, como la persecución, son temas que se repiten a lo largo de sus libros. Estas plantas y fuentes de su última obra nos recuerdan a los campesinos de la primera novela, *La hija del mar* —toda una vida entre ambas—, que llamaban también «la loca» a Teresa, la protagonista de rasgos claramente autobiográficos.

Los cuatro primeros versos, tomados ya en su conjunto, nos dan una imagen de la persona que habla: es una loca. Una loca pacífica, que habla en tono suave, sin exaltación. La seguridad de sus afirmaciones («Lo dicen, pero no es cierto»), la lógica de su argumentación, que toma como prueba precisamente lo que es objeto de discusión («pues siempre, cuando yo paso, de mí murmuran»), refleja con acierto los razonamientos de los paranoicos. El personaje presenta como prueba objetiva de su afirmación lo que es puramente subjetivo, lo que ella oye. Como Sábato en el «Informe sobre ciegos» de *Sobre héroes y tumbas*, partiendo de unos presupuestos que se dan como ciertos, el autor crea un mundo donde los hechos están relacionados con una lógica implacable, pero que no tiene nada que ver con el mundo real, porque el punto de partida es el de un esquizofrénico. La diferencia fundamental, aparte de la condensación expresiva que exige el poema, es que Sábato se mantiene en el plano de la locura y Rosalía pasa continuamente de éste al de la razón.

Si el contraste entre el «dicen que» y los dos versos siguientes nos hizo dudar de la cordura del hablante, ahora la forma en que nos asegura que plantas, fuentes y pájaros le llaman loca nos hace dudar de su locura. Lo dice sin irritación, como algo perfectamente justificable y que ella admite —cosa inconcebible en un paranoico—. Rosalía se reconoce en esa persona que va «soñando con la eterna primavera de la vida y de los campos» y admite —no se extraña, no se irrita— que la consideren loca. Pero un loco que admite su locura es una «contradictio in terminis». Nueva duda: ¿será que no está loca? Sin embargo, sus actos parecen demostrar que sí lo está: sueña con una eterna primavera cuando en sí misma puede experimentar la temporalidad —«bien pronto, tendrá los cabellos ca-

nos»—, cuando en el mundo que la rodea ve y siente
—«temblando», «aterida»— que no hay primavera, que la
escarcha cubre los prados. Es una loca cuyos sueños le
impiden ver una realidad que, sin embargo, padece como
todo ser humano: es vieja, tiembla, tiene frío...

Y, de nuevo, un cambio del plano de la locura al de
la cordura:

> Hay canas en mi cabeza; hay en los prados escarcha.

Luego no sólo padece, sino que es consciente de su padecer,
ve la realidad que todos vemos, comprende; no está loca.

> Mas yo prosigo soñando, pobre, incurable sonámbula,
> con la eterna primavera de la vida que se apaga...

Y la locura irrumpe de nuevo. Esta mujer ve la realidad.
Los presentes de indicativo no dejan lugar a dudas: ve
que «los campos *se agostan*», ve que la vida «*se apaga*»,
pero no le importa; ante esa realidad presente que se
impone con la fuerza de lo evidente, ella enfrenta sus
sueños donde nada muere.

En la segunda parte del poema (la que lleva la rima
a-o), hay un deseo evidente del poeta de dejar clara su
postura: ve los hechos que todos vemos, pero no los
acepta. Ante lo que a nosotros puede parecernos como
única y posible realidad: la muerte, el dolor, la vida que
se apaga, la naturaleza que se agosta, ella *crea* una realidad
distinta donde nada muere, donde todo conserva eterna-
mente el frescor de la primavera. Hechos objetivos son:
hay canas, hay escarcha, la vida se apaga, los campos se
agostan, las almas se abrasan. Contrastando con ellos, un
hecho subjetivo más fuerte que todos: «yo prosigo soñando». Y sueña ante la mismísima evidencia de «la vida

que se apaga» (así, en presente de indicativo), y sueña «aunque... y aunque», con una reduplicación enfática indicadora de la postura del poeta, del carácter irreductible de sus sueños. Igual que las ideas delirantes del esquizofrénico son irreductibles a la argumentación lógica, los sueños del poeta son irreductibles a su propia experiencia personal. Parece que, definitivamente, nos encontramos en un plano de irracionalidad, de locura, pero hay quizá demasiado voluntarismo en ese «yo prosigo soñando» —¿un loco que quiere ser loco?— y demasiada irónica conmiseración de sí misma en verse como «pobre, incurable sonámbula». De nuevo, la conciencia de la propia rareza, pena y burla de sí misma; desdoblamiento de una personalidad que sueña y se ve soñar. Sueño y conciencia del sueño; locura y cordura entrelazando sus hilos en la vida de este ser extraño y desconcertante.

El verso penúltimo está situado plenamente —nos parece— en el ámbito de la irrealidad: el poeta *contesta* a las plantas, a las fuentes; se dirige a ellos para pedirles que no murmuren de sus sueños:

¡Astros y fuentes y flores!, no murmuréis de mis sueños.

El poeta parece estar definitivamente inmerso en su universo de locura, donde puede dialogar con todos los seres y ante los cuales *se justifica*:

sin ellos, ¿cómo admiraros ni cómo vivir sin ellos?

Y, repentinamente, advertimos la profunda verdad de esas palabras. ¿Cómo, en efecto, se podría admirar algo caduco, imagen del dolor y del absurdo de la vida, si no fuera por los sueños, si no fuera por esa fuerza capaz de saltar por encima de su desoladora realidad? ¿Y cómo vivir en un mundo donde los hombres envejecen, donde la vida se apaga sin que nada lo justifique?

En definitiva, y esto es lo terrible, «la loca» tiene razón. ¿Cómo podemos admirar algo, cómo podemos vivir nosotros, que somos incapaces de crear como ella hace un mundo distinto? ¿O es que no vemos que la vida se apaga, que se secan los campos, que hay escarcha, que tenemos canas? ¿Cuáles son nuestros sueños para poder soportarlo? Quizá sólo «la loca» ha comprendido, ha visto realmente, y quizá nosotros no vemos la realidad; por eso no necesitamos estar locos para seguir viviendo, o quizá lo estamos y por eso vivimos. Como D. Quijote, Rosalía, en este poema, nos hace sentir la proximidad de locura y cordura, nos hace dudar de quién es el que, de verdad, está loco.

Reducidas a esquema, las impresiones sucesivas que recibimos del poema son:

—Se trata del monólogo de un loco.

—Este loco es consciente de su locura.

—Su locura no consiste en incapacidad de percibir la realidad.

—Por el contrario, es capacidad de crear una realidad opuesta y superior a la de los datos suministrados por la experiencia.

—Es capacidad de crear y creer algo opuesto a la experiencia.

—El loco justifica su locura, que aparece como la única postura coherente y consecuente: para seguir viviendo es necesario estar loco.

—En consecuencia, o todos estamos locos, pues vivimos, es decir, seguimos soportando la vida; o somos ciegos e inconscientes, pues no vemos el horror que nos rodea.

La estructura del poema se basa en la alternancia de dos planos que corresponden a dos puntos de vista distintos, uno que llamamos de la locura y otro el de la razón. Al plano de la locura pertenecen los versos iniciales que reproducen el monólogo del poeta, desde «dicen que no hablan las plantas» hasta «de mí murmuran y exclaman». Esos tres versos y medio representan, por los motivos ya analizados, el punto de vista, la perspectiva de un loco. A continuación nos encontramos con el plano de la razón representado por las palabras de los seres, transcritas en estilo directo, desde «—ahí va la loca...» hasta «y ve temblando, aterida, que cubre la escarcha el prado». El nuevo monólogo del poeta comienza en el plano de la razón («hay canas en mi cabeza...») para pasar rápidamente al de la locura («mas yo prosigo soñando»...). En la tercera parte se da también el doble plano: locura («no murmuréis de mis sueños») y razón («sin ellos ¿cómo admiraros?»). Reducido a esquema tenemos, así, la siguiente alternancia:

Primera parte: locura (tres versos y medio)
razón (tres versos y medio)

Segunda parte: razón (un verso)
locura (cuatro versos)

Tercera parte: locura (un verso)
razón (un verso)

El efecto un poco teatral del final del poema se basa en que repentinamente nos asomamos al plano de la razón, cuando definitivamente pensábamos haber ingresado en el de la locura, por el predominio «cuantitativo» en la estructura de este plano, en la segunda parte, y por encontrarnos en él otra vez al comienzo de la tercera.

El análisis de contenidos y estructura creo que ha demostrado lo que al comienzo decíamos: este poema es una pequeña obra maestra que revela el dominio de los recursos expresivos para llegar a plasmar una visión del mundo de gran complejidad.

IV

ROSALÍA DE CASTRO

Un recuerdo
(Un ejemplo de comentario psicoanalítico)

¡Ay, cómo el llanto de mis ojos quema!
¡Cuál mi mejilla abrasa!...
¡Cómo el rudo penar que me envenena
mi corazón traspasa!

¡Cómo siento el pesar del alma mía
al empuje violento
del dulce y triste recordar de un día
que pasó como el viento!

¡Cuán presentes están en mi memoria
un nombre y un suspiro!...
Página extraña de mi larga historia,
de un bien con que deliro.

Yo escuchaba una voz llena de encanto,
melodía sin nombre,
que iba, risueña, a recoger mi llanto...
¡Era la voz de un hombre!

Sombra fugaz que se acercó liviana,
vertiendo sus amores,
y que posó sobre mi sien temprana
mil cariñosas flores.

Acarició mi frente que se hundía
entre acerbos pesares;
y, lleno de dulzura y de armonía,
díjome sus cantares.

Y, ¡ay!, eran dulces cual sonora lira
que, vibrando, se siente
en lejana enramada adonde expira
su gemido doliente.

Yo percibí su divinal ternura
penetrar en el alma,
disipando la tétrica amargura
que robara mi calma.

Y la ardiente pasión, sustituyendo
a una fría memoria,
sentí con fuerza, el corazón latiendo
por una nueva gloria.

Dicha sin fin, que se acercó temprana,
con extraños placeres,
como el bello fulgor de una mañana
que sueñan las mujeres.

Rosa que nace al saludar el día
y a la tarde se muere,
retrato de un placer y una agonía
que al corazón se adhiere.

Imagen fiel de esa esperanza vana
que en nada se convierte;
que dice el hombre en su ilusión «mañana»,
y mañana es la muerte.

> Y así pasó: mi frente, adormecida,
> volvióse luego roja;
> y trocóse el albor de mi alegría:
> flor que, seca, se arroja.

> Calló la voz de melodía tanta,
> y la dicha durmió;
> y al nuevo resplandor que se levanta,
> lo pasado murió.

> Hoy sólo el llanto a mis dolores queda.
> Sueños de amor del corazón, dormid.
> ¡Dicha sin fin que a mi existir se niega,
> gloria, y placer, y venturanza, huid!...

A primera vista (y aun a segunda o tercera), parece un poema de amor adolescente. Sin embargo, hay una serie de indicios que nos hacen pensar que, bajo el contenido manifiesto, se oculta un contenido latente muy distinto. Nuestra hipótesis es que se trata de un «recuerdo encubridor».

Freud llamó «recuerdo encubridor» a aquel que «no debe su valor mnémico a su propio contenido, sino a la relación del mismo con otro contenido reprimido». Estos recuerdos quizá deberían llamarse mejor «fantasías», porque la escena o episodio que los constituye generalmente no sucedió en la realidad o, en todo caso, no sucedió tal como es recordado. El proceso que determina su elaboración es, en esquema, el siguiente:

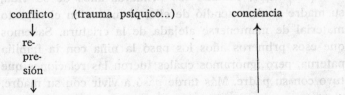

El recuerdo encubridor permite que aflore a la conciencia el suceso traumático (o el conflicto en sentido amplio), aunque, naturalmente, transformado. El recuerdo encubridor tiene una gran carga emotiva, procedente del conflicto originario (por eso se recuerda), pero una apariencia vulgar, indiferente o incomprensible, como producto que es de una represión.

Muchas personas recuerdan (o creen recordar) escenas infantiles o antiguas que les parecen totalmente carentes de importancia y cuya fijación en la memoria no consiguen explicarse, dada su falta de interés. Generalmente se trata de «recuerdos encubridores» que esconden, transformado por la represión, un episodio traumático.

Pues bien, eso mismo creo que ha sucedido en este poema. Su apariencia es la de un recuerdo de un amor adolescente, pero esto es sólo la pantalla que ha permitido expresar sentimientos reprimidos que se refieren a la infancia de la autora y a sus relaciones con el padre.

Antes de comenzar con el análisis del poema me interesa recordar brevísimamente algunos puntos de la biografía de Rosalía y algunos rasgos de su carácter que pueden apoyar la existencia de un conflicto psicológico.

Rosalía de Castro fue hija de madre soltera y padre sacerdote. En su partida de bautismo figura como de padres desconocidos. No pasa a la inclusa por haberse hecho cargo de ella su madrina M.ª Francisca Martínez. Parece ser que, durante los primeros años de su vida, su madre se desentendió de ella, al menos en el aspecto material de mantenerse alejada de la criatura. Sabemos que esos primeros años los pasó la niña con la familia paterna, pero ignoramos cuáles fueron las relaciones que tuvo con su padre. Más tarde pasó a vivir con su madre.

Esos son los hechos; las consecuencias sólo podemos suponerlas a la luz de lo que Rosalía dejó escrito.

En primer lugar, encontramos una constante insatisfacción, una búsqueda infructuosa de algo cuya naturaleza ignora la misma Rosalía. Esa insatisfacción y búsqueda pueden relacionarse con la falta de una «imago paterna» en su niñez. El deseo del padre o de la madre, ausentes en la infancia, está en la raíz de muchos casos de «vagabundeo» adultos.

En segundo lugar, encontramos en Rosalía una susceptibilidad especial que la lleva a sentirse objeto de burla y sarcasmo, y que, probablemente, más que a hechos reales, responde a un sentimiento subconsciente de vergüenza por su origen ilegítimo.

Ilustramos con algunos ejemplos ambas vivencias:

a) La búsqueda:

> Yo no sé lo que busco eternamente
> en la tierra, en el aire y en el cielo;
> yo no sé lo que busco, pero es algo
> que perdí no sé cuándo y que no encuentro.

b) El sentimiento de ser objeto de burla:

> La *risa* y el *sarcasmo*, por doquiera
> que fuera yo, mi corazón palpaba
> y doquiera también que me escondiera
> ¡ay! la *risa sardónica* encontraba.

> ...e a xente que topaba
> ollándome a mantenta
> do meu dor sin igual e a miña *afrenta*
> traidora *se mofaba*.

Existe, indudablemente, en la vida de Rosalía un hecho del que se siente avergonzada y al que da expresión bajo distintas formas [1]. No parece descabellado suponer que su anómalo nacimiento pueda ser el motivo inconsciente de su vergüenza.

Planteados así los hechos, pasamos a analizar el poema.

En la primera estrofa vemos que el llanto que quema sus ojos y abrasa su rostro es fruto de un «rudo penar» que «envenena» su corazón.

Esas palabras nos recuerdan otras muy parecidas de *Follas Novas*:

> Ladraban contra min que camiñaba
> casi-que sin alento,
> sin poder c' ò meu fondo pensamento
> y a *pezoña mortal qu' en min levaba.*

El «veneno mortal», el penar que la «envenena» se refieren probablemente, separadas por más de veinte años, a una misma vivencia en la que se mezclan dolor y vergüenza.

La estrofa decisiva para la interpretación psicoanalítica es la cuarta, a cuya luz cobra nuevo sentido el resto del poema:

> Yo escuchaba una voz llena de encanto,
> melodía sin nombre,
> que iba, risueña, a recoger mi llanto...
> ¡Era la voz de un hombre!

Rosalía habló pocas veces en sus poemas de su madre, a la que, por otra parte, sabemos que llegó a profesar gran cariño. A su muerte escribió un librito titulado *A mi madre*, cuyos poemas se refieren exclusivamente a ella. Allí podemos ver que, para Rosalía, su madre era, fundamentalmente, refugio y consuelo: «paño de lágrimas».

---

[1] Estas ideas están más ampliamente desarrolladas en mi libro, en prensa, *La poesía de Rosalía de Castro* (Ed. Gredos).

Observemos la similitud de funciones atribuidas a su madre y al personaje del poema que ahora nos ocupa:

> ¡Cuánto en la tierra te amaba!
> Mas ¿cómo no amarte cuando
> tus alas me cobijaban,
> si fueron ellas mi cuna,
> la cuna en que me arrullabas,
> si fueron mi dulce aliento
> y *el paño* ¡ay, Dios! *de mis lágrimas.*
>
> Ora corren hilo a hilo,
> ora mis mejillas bañan,
> mas nadie viene, ángel mío,
> ¡ay!, *nadie viene a enjugarlas.*

La función que en el poema se atribuye a la voz «recoger mi llanto» es una función maternal para Rosalía, una función típica y característica de su madre. Creemos que por eso exclama con admiración: «¡Era la voz de un hombre!»; es decir, esa voz llena de encanto que realiza la función maternal de enjugar su llanto no es una voz de mujer, no es la de su madre, ni su madrina, ni ninguna otra voz de su universo femenino. Por eso dice con extrañeza y admiración que era la voz «de un hombre». ¿Es descabellado suponer que esa voz masculina que realiza una función maternal sea la de su padre?

Interpretando literalmente la segunda estrofa, vemos que el dolor que la envenena surge al recordar «*un día* que pasó como el viento». ¿Qué sucedió ese día? ¿Qué simbolizan «un nombre y un suspiro», que tan presentes están en la memoria de Rosalía? Antes de entrar en más detalles, ella misma califica al conjunto del suceso como «página *extraña* de mi *larga* historia».

Nosotros preguntamos: en un poema escrito a los veinte años ¿es normal calificar de «extraña» una aventura amorosa adolescente? El encuentro con el amor visto desde la juventud no tiene nada de extraño; es, más bien, lo «normal». Sin embargo, sí hay una página extraña en la vida de Rosalía. Y una «larga historia»: la de los amores ilícitos de su madre, la de su anómala situación familiar.

Creo que, bajo la apariencia encubridora de un recuerdo de amor adolescente, se encuentra, como contenido latente, el recuerdo de un encuentro con su padre. Encuentro real o imaginado, eso no podemos decirlo. Es probable que la niña Rosalía viera a su padre más de una vez, y es probable que uno de esos encuentros fuera para ella más revelador que otros acerca de la personalidad de ese hombre y de las circunstancias de su nacimiento, pero también es muy posible que Rosalía reuniera y condensara en un solo recuerdo («un día que pasó como el viento») impresiones sucesivas y repetidas sobre su padre y su relación con ella; e incluso no descarto la posibilidad de que tal encuentro sea sólo el fruto de su «deseo» («un bien con que deliro») de ser amada por el padre ausente. En cualquier caso, este deseo cristalizado en forma de encuentro con el padre tomó, para poder aflorar a la conciencia, la apariencia del recuerdo de un amor adolescente.

El «suspiro» está simbolizando la emoción del encuentro, y «el nombre» puede representar el personaje en cuestión, que nosotros creemos que es su padre, o bien el que éste le dio a ella (el propio nombre, o quizá el de «hija»...). En la estrofa quinta, este personaje es calificado de «sombra fugaz». El universo de Rosalía está lleno de «sombras». No es improbable que la difuminada figura de su padre haya sido una de las primeras «sombras» de su vida y haya contribuido a crear en ella esa predisposición hacia lo misterioso. Figura entrevista y nunca bien conocida en su infancia, Rosalía puede muy bien evocarlo como «sombra fugaz».

En las estrofas sexta y octava nos confiesa cuál era el estado en el que se encontraba antes de la presencia de esa «sombra fugaz»:

> Acarició *mi frente que se hundía*
> *entre acerbos pesares.*
> Yo percibí su divinal ternura
> penetrar en el alma
> *disipando la tétrica amargura*
> *que robara mi calma.*

Se rompe aquí el esquema típico de los poemas de amor adolescente, en los cuales se suele poner de relieve la calma y la paz de la infancia, turbada por la irrupción de la pasión amorosa. Aquí, Rosalía se confiesa hundida entre «acerbos pesares» y presa de «tétrica amargura». Dejando al margen la hiperbólica adjetivación romántica, creo que estamos en presencia de una proyección sobre la infancia de sentimientos más tardíos.

Pesar y amargura existieron, sin duda, en la Rosalía adolescente que se sabe hija de padre sacerdote y que ve a su madre perennemente avergonzada por el pasado. ¿Pero existieron esos sentimientos en su infancia, en el momento de un posible encuentro con el padre? ¿Vino su padre, con su presencia física, con sus caricias, con su voz cariñosa, a disipar el dolor, las dudas, los temores de una Rosalía niña que empieza a sospechar verdades «vergonzosas»? Yo diría que no. Es la autora de veinte años la que da trascendencia al encuentro, proyectando sobre él sentimientos posteriores y exagerando las consecuencias favorables: la simple presencia disipa los pesares anteriores.

Aparte de estos elementos que vamos analizando y que admiten la doble interpretación: manifiesta (recuerdo de un amor adolescente), latente (recuerdo de un encuentro con el padre), hay otros que sólo cobran un pleno sentido a la luz de la interpretación psicoanalítica: así, la «página extraña» de la estrofa tercera o la «fría memoria» de la novena que vamos a ver:

> Y la ardiente pasión sustituyendo
> a una fría memoria,
> sentí con fuerza el corazón latiendo
> por una nueva gloria.

Interpretando literalmente habría que concluir que Rosalía conocía previamente a su enamorado, pero conservaba de él sólo una «fría memoria» que se transformó en «ardiente pasión» aquel «día que pasó como el viento». Pero entonces no se comprende su extrañeza y admiración ante «la voz de un hombre» que sugiere, interpretado literalmente, la irrupción primera y súbita del hombre en su mundo femenino. O lo conocía antes, y entonces no comprendemos la extrañeza, o no lo conocía, y entonces lo que no encaja es la fría memoria.

Interpretando psicoanalíticamente, llegamos a estas conclusiones: Rosalía, de niña, ha oído noticias dispersas, nunca muy claras, sobre su padre, y probablemente le ha visto alguna vez. Con todo ello, elabora una figura paterna a la que recuerda vagamente y sin cariño. Pero, un día, el padre le habla cariñosamente, y la niña lo mira con simpatía. La elaboración posterior exagera el contraste entre los dos estadios y convierte a los dos sentimientos

en «fría memoria» y «ardiente pasión». La trascendencia
del encuentro queda así, de nuevo, realzada.

En la estrofa décima encontramos unos «extraños placeres» que admiten también una doble interpretación:
los placeres del amor son «extraños» para una adolescente
en el sentido de que experimenta sensaciones desconocidas
hasta ese momento. Pero también son «extraños» (y mucho
más aún) los placeres que experimenta una niña que «des-
cubre» tardíamente a su padre.

La estrofa decimotercera, interpretada literalmente, nos
sugiere un desliz de tipo erótico:

> Y así pasó: mi frente, adormecida,
> volvióse luego roja;
> y trocóse el albor de mi alegría:
> flor que seca, se arroja.

La frente roja es un claro símbolo de vergüenza. El contraste entre la blancura perfecta («albor») de su alegría
y la vergüenza posterior admite la doble interpretación.
Los placeres amorosos desembocaron en un hecho ver-
gonzoso que hace enrojecer su frente, al recordarlos. Pero,
leyendo atentamente, lo que parece querer decir es que,
al pasar el tiempo, lo que fue para ella alegría purísima
se «trocó» en vergüenza («así pasó... *luego*»); es decir,
interpretando psicoanalíticamente, lo que fue al comienzo
alegría de encontrar a su padre, fue después motivo de
vergüenza al descubrir el carácter de «prohibidas» que
ante la sociedad tuvieron las relaciones de sus padres
y descubrirse a sí misma como fruto de ellas.

Resumiendo lo dicho, tendremos así, en esquema, la
doble interpretación:

Contenido manifiesto		Contenido latente (reprimido o subconsciente)
hechos	recuerdo de un amor adolescente.	recuerdo de un encuentro con su padre
sentimientos	amor a un joven.	amor al padre o imago paterna
	dolor por su pérdida	dolor por su ausencia
	vergüenza por un desliz	vergüenza por su origen.

En cuanto a los elementos que intervienen en el poema, podemos establecer la siguiente clasificación:

   a) Elementos reales de un hecho pasado:

       —un día
       —un nombre
       —un suspiro
       —la voz de un hombre
       —sombra fugaz
       —ternura.

Estos elementos han sufrido una elaboración, consistente, en general, en simbolización (suspiro, sombra fugaz) o intensificación: «*divinal* ternura».

   b) Elementos que pertenecen al presente de la autora y aparecen PROYECTADOS sobre el pasado:

       —tétrica amargura
       —acerbos pesares
       —dicha sin fin.

Son sentimientos actuales, proyectados sobre su infancia. Los dos primeros son el correlato de «un bien con que deliro» y «dicha sin fin». Desde sus veinte años y de forma inconsciente, no lo olvidemos, Rosalía desea a su padre: su encuentro le parece una dicha sin fin y su ausencia la llena de amargura y pesares.

c) Elementos encubridores. (Consideramos como encubridores aquellos elementos que dan al poema la apariencia de una poesía de amor adolescente, sirviendo de pantalla a los verdaderos sentimientos expresados.)

Aparte de la vaguedad de toda la composición que, ignorando los antecedentes biográficos de Rosalía, todo el mundo tiende a interpretar como vaguedad propia de los poemas románticos (misterio, idealización, alusiones a placeres y amores pasados...), creemos que aumentan el equívoco algunos términos habituales en las composiciones amorosas:

—vertiendo sus amores
—ardiente pasión
—extraños placeres
—placer y agonía que al corazón se adhiere
—flor que seca se arroja
—sueños de amor del corazón...

Los elementos encubridores están tomados de una *intrascendente* aventura amorosa de su adolescencia (no se sabe que haya habido en la vida de Rosalía ningún amor serio antes de conocer a Murguía), y Rosalía compone su poema convencida de estar llorando ese amor desaparecido, cuando, en realidad, está dando expresión a su dolor por la falta del padre. Los elementos de este amor adolescente no conservan su valor emocional por su propio contenido, sino por la relación que guardan con un suceso infantil de gran importancia en la vida de Rosalía: el breve encuentro con su padre.

Ambos sucesos tienen en común algunas notas que le permiten la transposición del uno al otro: la fugacidad, la aparición de una figura masculina en su universo de mujeres, las nuevas sensaciones, el placer del encuentro, el dolor de la separación...

¿Hasta qué punto la autora es consciente de estar empleando elementos encubridores? ¿Se engaña Rosalía a sí misma o es un engaño al lector? Según aceptemos o no su inconsciencia, consideraremos la composición como un poema en clave o como un recuerdo encubridor. Nosotros nos inclinamos por esta última posibilidad.

V

MANUEL MACHADO

Yo, poeta decadente...

Yo, poeta decadente,
español del siglo veinte,
que los toros he elogiado,
y cantado
las golfas y el aguardiente...
y la noche de Madrid,
y los rincones impuros,
y los vicios más oscuros
de estos biznietos del Cid...,
de tanta canallería
harto estar un poco debo,
ya estoy malo, y ya no bebo
lo que han dicho que bebía.

Porque ya
una cosa es la Poesía
y otra cosa lo que está
grabado en el alma mía...

Grabado, lugar común.
Alma, palabra gastada.
Mía... No sabemos nada.
Todo es conforme y según.

A pesar de que no se ha utilizado la separación estrófica en casi todo el poema, y de algunas irregularidades,
podemos decir que la composición se ajusta a los esquemas
métricos de quintillas, redondillas y cuartetas. Algunas
no lo son en sentido estricto por alguna irregularidad de
medida. Así, los cinco versos iniciales podrían ser una
quintilla (a a b b a), si no fuera por su verso cuarto de
cuatro sílabas. Los ocho versos siguientes se agrupan en
dos redondillas (a b b a) sin problemas; pero la «cuarteta»
siguiente (a b a b) tiene un verso inicial de cuatro sílabas
y un segundo defectuoso, que hay que leer con dos sinalefas para que salgan ocho sílabas (u - na - co - *sa es* - la -
poe - sí - a). Los cuatro versos finales forman una redon-
dilla muy eufónica, con rima aguda inicial y final.

La estructura es de las que llamamos «aditivas». Hay
un elemento inicial al que se van añadiendo elementos
que, entre sí, son independientes y que dependen todos
del primero. Algunos de los elementos secundarios son
de gran complejidad. Veámoslo en esquema.

Estructura

Elemento principal (A): yo	Elementos secundarios (desarrollo de A)
	1 — poeta decadente
	2 — español del siglo veinte
	3 — he elogiado los toros
	4 — he cantado las golfas... la noche... los rincones...
	5 — debo estar un poco harto
	6 — ya estoy malo
	7 — ya no bebo
	8 — ya una cosa es la Poesía otra cosa lo que está grabado — lugar común alma — palabra gastada

mía — No sabemos nada
— Todo es conforme y
según.

Estructuralmente, los elementos más importantes son el primero (al cual se supeditan todos) y, de los secundarios, el octavo, de gran complejidad.

El elemento más importante desde el punto de vista de la estructura es también el que acapara la atención, si atendemos al significado del poema. Hay un cierto egocentrismo en ese «yo» situado al comienzo absoluto del poema. Aislado por la coma, el yo se destaca y se realza enfáticamente desde el primer momento. El poeta inicia un monólogo y lo inicia poniendo de relieve lo que, psicológicamente, siente como más importante: su yo. Este yo, queda así, como un actor sobre un escenario, levantado sobre la cabeza del lector, que será un mero espectador de las palabras del poeta. La presencia del lector sólo se solicita en cuanto será testigo de este monólogo; no interlocutor. Las palabras del poeta no están dirigidas a él, sino de la forma indirecta en que un actor habla *para* el público. Si comparamos este poema con el del otro Machado, «Yo voy soñando caminos», con un pronombre inicial también, pero infinitamente menos realzado, veremos hasta qué punto estamos menos implicados en las vivencias del primer poema. En el de Manuel, se nos habla de sí mismo y nos interesa en cuanto nos interesa su figura, aunque al final el poema gana en humanidad y se universaliza su interés.

Para hablarnos de sí mismo, el poeta se autodefine («poeta», «español»), pasa revista a su pasado (he cantado), y viene a dar en el presente: «ya *estoy* malo». Vamos a ir analizando detenidamente sus palabras.

Se considera «poeta decadente». Hoy la expresión la sentimos despreciativa y la vinculamos a un tipo de poesía esteticista, superficial, de sentimentalismo morboso, de exquisiteces de todo tipo, que se dio bastante en el movimiento modernista. Sin embargo, hacia 1909, que es la época a la que pertenece el poema, al aristocrático espíritu de Manuel Machado («de mi alta aristocracia, dudar jamás se pudo. / No se ganan, se heredan elegancia y blasón...») debía de resultarle grato el regusto de refinamiento, las connotaciones de distinción que trae consigo la palabra «decadente». Manuel Machado se siente aparte de la plebe: distinto. No le satisface lo que a los otros contenta. Y, como Juan Ramón a veces, no vacila en confesar que querría ser como los demás, dejando así los dos constancia (casi siempre infortunada, desde el punto de vista poético) de su espíritu de clase: «Voces, gritos, canción apenas... Bulla. Locas / carcajadas (...) y yo aquí solo, triste (...) Dame, Señor, las *necias* palabras de estas bocas (...) dame un *alma sencilla* como cualquiera de estas» (el subrayado es mío). La expresión «poeta decadente» aplicada a sí mismo marca la distancia entre el hombre común y una *clase especial* de poetas que (después se verá en la enumeración de los temas) escandalizaría a las «almas sencillas».

Dos notas destacan en el verso siguiente: «español del siglo veinte». De una parte el patriotismo o nacionalismo, la conciencia y el orgullo de pertenecer a una nación determinada. Este verso recuerda aquel famoso de Marquina: «España y yo somos así, señora». Son de la misma época, ya que por esos años se estrenó *En Flandes se ha puesto el sol*, que constituyó un rotundo éxito. Españolismo, por

tanto, que se respira en el ambiente. También por entonces Enrique de Mesa escribe: «Ya conocéis mi destino. /
Soy poeta y español». Son los años en que la conciencia
de ser español se vive dolorosa o triunfalistamente. Manuel
Machado, aquí, está más cerca de Marquina que de Unamuno. Por otra parte, «del siglo veinte» nos suena a siglo
«recién estrenado». Este tipo de frases se usan, sobre todo,
cuando el siglo acaba de empezar. Recordemos la infinidad
de almacenes «Siglo XX», que todavía hoy mantienen un
título que tuvo el prestigio de la novedad. Manuel Machado
había nacido en 1874. Era, por nacimiento, un hombre
decimonónico; por tanto, su afirmación sólo se justifica
en un momento en que la novedad del siglo le da a éste
cierto prestigio. En 1950, decir «español del siglo veinte»
no tiene ninguna gracia, es una simple nota cronológica.
En 1910 sí la tiene, porque el que la dice, lógicamente,
es del siglo anterior. Si insistimos en esta nota es porque
la consideramos significativa y reveladora, desde un punto
de vista sociológico (el prestigio de los «nuevos tiempos»),
y personal: satisfacción un poco infantil de pertenecer
a una nueva era. Decadentismo, españolismo y afán de
modernidad configuran así la pintura que de sí mismo
hace el poeta. Pero hay más:

que los toros he elogiado.

Aquí aparece la nota de casticismo. Podría parecer con-
tradictoria con el refinamiento que antes hemos señalado,
al coincidir con el gusto popular por la «fiesta nacional».
Pero aquí habrá que tener en cuenta aquello de la «asom-
brosa hazaña / que por nativo brío / solamente no es
bárbara en España». El gusto por los toros nunca, en
España, distinguió espíritus selectos de espíritus vulgares,
y —salvo algunas excepciones— las más claras cabezas y

los más sensibles poetas han disfrutado por igual del espectáculo. Pero, además de este gusto hispano por los toros, creo que en ese «elogiado» late un espíritu polémico. A comienzos de siglo, un clima europeísta, un deseo, compartido por muchos intelectuales, de europeizar España, hizo que se mirase con recelo una costumbre que podía parecer cruel y primitiva. Manuel Machado lanza como un reto su postura casticista: no sólo ha gustado de los toros, sino que los ha «elogiado», frente a quienes quisieran atacarlos. Viene a continuación una enumeración de los temas de su poesía. Fijémonos, antes de seguir, en que utiliza el pretérito perfecto «he elogiado», «(he) cantado», estirando así el pasado hasta el presente. Esos hechos son algo que, psicológicamente, el poeta siente cercano. No pertenecen a un pasado visto desde la lejanía, sino a algo todavía actuante.

Los temas enumerados entran de lleno en el ambiente de la bohemia, tan característica de principios de siglo. Alejandro Sawa (que el mismo Manuel Machado habría de retratar en el famoso epitafio) y Valle Inclán eran las figuras más pintorescas de una legión de artistas que harían de la bohemia profesión de fe.

En la sesión literaria del Teatro de la Princesa, en diciembre de 1910, Emilio Carrere pronunció una conferencia alabando la vida bohemia, y en la misma sesión arremetieron contra esa vida Pío Baroja y Amadeo Vives.

En ese mismo año —1910— escribe Pérez de Ayala *Troteras y danzaderas*, un animado fresco de la vida madrileña que algunos han calificado de «novela lupanaria». Todos se mueven, pues, en torno al mismo tema, por los mismos años.

Fijémonos en que Manuel Machado emplea un vocablo de carácter popular, «las golfas», para designar a las prostitutas, y también algo tan eminentemente popular como el aguardiente para simbolizar la bebida. En lo que se refiere al aguardiente, yo veo aquí el gusto del aristócrata, del señorito por mezclarse con el pueblo llano... sin dejar que se le confunda. Ejemplos de este acercamiento hay cientos en la literatura de la época, y son similares a los que hoy vemos (tabernuchas donde la «gente bien» va a tomar sopas de ajo...). Pero, además, debe de haber un deseo de «épater le bourgeois» y quizá también de emplear términos menos literaturizados que otros. Desde Rubén Darío, el vino, y no digamos el champagne, estaban cargados de literatura. Y el aguardiente, además de novedoso, es una bebida «nacional» como los toros. Habrían contribuido, pues, a la elección del aguardiente el gusto del aristócrata por lo popular, el casticismo y el deseo de descargar de precedentes literarios su idea.

En cuanto a «las golfas», no es la primera vez que Machado declara su simpatía por el oficio y hasta su afinidad espiritual: «hetairas y poetas somos hermanos» dice en otra ocasión. Era también tema frecuente en la época. Recordemos a Rosina, la protagonista de *Troteras y danzaderas*, «hetaira de alto copete». Por lo que se refiere a la elección del término «golfas», vale lo dicho para el aguardiente: casticismo, deseo de escandalizar (sin exageraciones) y de dejarse de grecismos y llamar al pan, pan y al vino, vino, en sermo vulgaris.

Los restantes miembros de la enumeración insisten en el ambiente de bohemia y escándalo que ya hemos señalado: «la noche de Madrid, los rincones impuros y los vicios más oscuros»... esto último, con sus connotaciones de extravagancias, remite al «decadente» del comienzo. Y todos ellos a un tipo de literatura frecuente en su época.

En los «biznietos del Cid» volvemos a encontrar la nota de españolismo que ya señalamos, pero aquí pasada por el tamiz de la ironía burlesca. La gloriosa y austera historia nacional se degrada en estos biznietos nocherniegos y viciosos. Es la historia pasada por los espejos del Callejón del Gato; estamos a un paso del esperpento.

El aristocratismo, el refinamiento espiritual de Machado aflora de golpe en la calificación final que da a esos actos:

> De tanta *canallería* / harto estar un poco debo.

El hipérbaton bastante violento no parece tener otra finalidad que la de facilitar la rima. En cuanto al término «canallería», habla por sí solo. Desde la altura de su madurez, Machado califica así unos actos que tienen la disculpa de la juventud de quien los ha vivido. El tema del cansancio de los placeres es también frecuente desde el Romanticismo, pero en Manuel Machado tiene un valor especial, que enseguida veremos.

La transición de la juventud a la madurez está señalada en tres adverbios temporales, indicadores de un proceso que ha llegado a su culminación: *Ya* estoy malo, *ya* no bebo, *ya* una cosa es...

Dice el poeta «ya estoy malo», como si el mal que le posee fuera un proceso iniciado tiempo atrás y que en ese momento —«ya»— ha llegado a su término. Este mal, juzgando por las palabras del poema, es un cansancio de lo que antes le producía placer (ya no bebe, ni canta lo que antes cantaba). Ese mal es un presagio de la muerte. Otra vez dirá: «Sé que voy a morir porque no amo ya nada». Este mal, esta enfermedad que es cansancio, negación de lo que antes producía placer, aparece varias veces en la obra de Machado.

También merece comentario la expresión «estar malo», evidentemente coloquial, pero muy típica del folklore andaluz. Lorca lo recogerá en aquellos versos: «Debajo de la hoja de la lechuga tengo a mi amante *malo*, con calentura».

La consecuencia inmediata que el poeta deriva del estar malo es: «ya no bebo lo que han dicho que bebía». Estas palabras nos sugieren la imagen, bastante corriente en la vida cotidiana, del «bon vivant» que por enfermedad *física* tiene que prescindir de los placeres del alcohol, del hombre *con fama de bebedor* («lo que *han dicho* que bebía») que abandona un placer o un vicio, obligado por la enfermedad. Es curioso que el poeta se refleja a sí mismo indirectamente, a través de su «fama», de la imagen que los otros tienen de él.

Probablemente, hay en estas palabras una referencia a males espirituales, a cansancio de vivir que provoca el abandono de lo que antes producía placer, pero también referencia al abandono de una vida bohemia por causas físicas, de salud. Y estas referencias no son extrañas a la obra de Manuel Machado que siente un cierto placer («decadente») en retratarse a sí mismo enfermo. Recordemos los «dolientes madrigales»: «Mirándome las manos —como hacen los enfermos de continuo—»... y también recordemos el prestigio literario de la enfermedad en el modernismo: las infinitas amantes de manos transparentes y lánguidas debilidades, de las cuales la más famosa es aquella Concha de la *Sonata de Otoño*. Concurren, pues, en esta frase un gusto modernista por poner de relieve la enfermedad, una nostalgia de raíz bohemia por el vicio perdido y la vivencia, frecuente en Machado, del hastío de vivir que trae consigo el abandono de los antiguos placeres.

Si la consecuencia (o quizá también se pueda interpretar como el síntoma) fundamental de su dolencia es el no beber, la raíz del mal, la causa de ambos hechos (estar malo y no beber) es un desdoblamiento, o, mejor, un desgarramiento que se ha producido en la vida del poeta. Por un lado, la Poesía; de otro, lo que está grabado en su alma. Nos encontramos aquí con una postura original. Generalmente, identificamos Poesía con lo más íntimo de la personalidad, con lo que brota del «hondón del alma». Sin embargo, aquí hay que interpretar «Poesía» en otro sentido. Poesía es lo que «ha cantado», la parte más superficial de su existencia, la bohemia del vino y las mujeres; la espuma de la vida. Por debajo iba otra corriente que ha ido dejando sus huellas grabadas en el alma. En un momento dado, el poeta se hace consciente de que la vida que aparece reflejada en la Poesía es sólo la capa superficial de su existencia. Es seguro que antes, en la juventud, poesía y vida se identificaban. La vida era la bohemia, el aguardiente y las mujeres, las noches alegres, los placeres «más oscuros», y la Poesía era eso mismo hecho canción. Después, la poesía siguió cantando la vida antigua, pero bajo ella iba quedando una parcela de vida más profunda que la Poesía no reflejaba. Y, en un momento concreto, en este que el poeta nos participa, la separación entre ambas realidades se ha hecho tan grande que se viven como dos cosas distintas («una cosa es la Poesía y otra cosa...»). Esta dualidad, el poeta la siente dolorosamente, como siente dolorosamente el cansancio de los placeres. Y es precisamente esta doble vivencia dolorosa lo que le hace clamar «ya estoy malo». Su enfermedad es la conciencia del hastío del placer, y de la separación entre su poesía y su vida interior.

En estas últimas estrofas el poema gana en interés por varias razones. La personalidad retratada se hace más compleja. Bajo la bohemia vemos aparecer una capa más profunda, con lo cual la figura del poeta queda enriquecida. Además, se deja en el misterio la naturaleza de las vivencias que han dejado huella en su alma. Esta vaguedad, este margen de indeterminación, permite que cada lector imagine lo que va más acorde con su propia personalidad. En líneas generales, lo que queda de manifiesto es la imagen de una persona de apariencia despreocupada, pero con hondas preocupaciones ocultas: una imagen bastante atractiva para identificarse con ella y que responde a la que muchos seres tienen de sí mismos. Por último, creo que otro motivo de interés es el aire de confesión íntima de estas palabras. El poeta se ha quitado la careta de buen vividor, ha abandonado su aire un tanto presumido de joven que alardea de aventuras y nos ha mostrado un aspecto mucho menos brillante; ha dejado al descubierto su debilidad. El efecto es similar al que nos produce la confesión de una pena oculta por una persona a quien considerábamos muy feliz: sorpresa, súbita intimidad, simpatía...

Pero el poeta parece arrepentirse pronto de su desahogo sentimental. Con un agudo sentido del ridículo (¡tan típico del español!), se da cuenta de que el «grabado en el alma mía» está rozando el tópico sentimental. Es una de esas frases que fácilmente caen en el sentimentalismo barato y trillado, a poco que les ayude el contexto. Recordemos, como ejemplo, aquella canción tan popular de Emilio el Moro y Antonio Molina: «Adios, España querida, / *dentro de mi alma* / *te llevo escondida*». Y el poeta la destruye. Término a término (grabado - alma - mía) deshace el efecto que había producido la frase en su conjunto. Manuel Machado se hace a sí mismo la burla, evitando de este modo que alguien se la pueda hacer. Hay mucho de pudor hispano, de deseo de ocultar la propia debilidad en estas palabras; el poeta se convierte en un ser escéptico e irónico que no necesita compasión. Pero hay algo todavía más interesante en esto: la irritación contra la «literatura». El poeta ha empleado en toda la primera parte expresiones que nos recuerdan otras de su tiempo (Villaespesa, Marquina, el modernismo, en general) sin aparente desagrado. Pero en el momento de mayor intimidad se encuentra con que lo que él quiere decir queda deformado, vulgarizado, por la expresión empleada. Es consciente de que su vivencia personal se ha fundido en un molde que sólo groseramente la representa: «grabado en el alma mía», ¿era esto lo que realmente, primigeniamente quería decir? ¿Reproduce con fidelidad su vivencia? Asistimos aquí a la eterna lucha del poeta con el lenguaje, a la pugna por personalizar lo que es de uso general. Entonces Manuel Machado, iniciando una tendencia que culminará a mediados de siglo, se empeña en destruir las palabras empleadas. (Recordemos, en este sentido, los intentos del «Nouveau roman» y de novelistas como Cortázar.) Sus expresiones «palabra gastada», «lugar común», «no sabemos nada» están aludiendo a la oquedad de la «literatura», a la costra que el uso pone en las palabras, a la falsedad de utilizar moldes que otros han llenado antes. Cuando Cortázar escribe «Hamor», está intentando que redescubramos la palabra, que la veamos otra vez por vez primera. Manuel Machado, al decir «grabado, lugar común; Alma, palabra gastada; Mía, no sabemos nada», está haciendo tomar conciencia al lector de que él ha empleado palabras que sólo de modo imperfecto reproducen o sugieren lo que él ha querido comunicar. Por eso,

«Todo es conforme y según», todo está sujeto a condicionamientos, a servidumbres, a un absoluto relativismo del que no se puede escapar. Lo más que se puede hacer es ser consciente de ello e intentar que los demás lo sean para, de alguna manera, lograr que la vivencia que se comunica no quede totalmente falseada.

El interés humano del poema se centra en la penúltima estrofa. La última, desde este punto de vista, aporta solamente la nueva nota de ironía y escepticismo, el deseo de velar con ellos su intimidad. Pero, desde el punto de vista literario, el interés mayor lo acapara la estrofa final. En ella, Manuel Machado se revela no como un poeta fácil y suelto, sino como un escritor perfectamente consciente de los problemas de la comunicación poética.

VI

ANTONIO MACHADO

Caminante, son tus huellas
el camino y nada más;
caminante, no hay camino,
se hace camino al andar.
Al andar se hace camino,
y al volver la vista atrás
se ve la senda que nunca
se ha de volver a pisar.
Caminante, no hay camino,
sino estelas en la mar.

La primera palabra de un poema puede y suele ser, muchas veces, muy importante para la comprensión de lo que el poeta quiere comunicar. Cuando nosotros oímos o leemos por primera vez un poema —y ésta es la postura en que debemos ponernos siempre para analizarlo— sus primeras palabras, a veces ya la primera, nos hacen entrar en un mundo determinado, nos crean un ambiente especial, distinto en cada caso; como es distinto el ambiente creado por las primeras notas de un concierto de Mozart, de Schönberg o de un saxo que toca jazz.

La primera palabra, la primera voz que, desde el mundo del poeta, sale a nuestro encuentro es ésta: «caminante». Dejemos a un lado nuestra experiencia literaria. Hagamos nosotros el mismo esfuerzo que antes ha realizado el poeta: quitémosle a las palabras la roña del uso libresco. Hay que verlas claras y limpias; nuevas para cada poeta, porque cada uno de ellos va a darles un nuevo valor, va a decirnos con ellas cosas nuevas. Entre nosotros y esta primera palabra de Antonio Machado se interponen innumerables metáforas, imágenes y símbolos. La vida como camino es una imagen tan trillada como «el oro de sus cabellos». Pero por ahí no se llega a ninguna parte; es necesario romper las casillas y los moldes, limpiarse de experiencia y, sencillamente, escuchar. Entonces empezamos a oír y a entender. Entonces nos damos cuenta de que, antes de nada, esa palabra es una interpelación, un vocativo; el poeta se dirige a alguien: se trata, por lo tanto, del *comienzo de un posible diálogo*. No podemos saber todavía si el otro va a contestar.

Fijémonos en que esa persona interpelada lo es de un modo muy vago: «caminante». El participio de presente deja incluso indeterminado el sexo: puede tratarse, en principio, de un hombre o una mujer. Hay aquí *indeterminación*, pero también *universalidad*. Al poeta le interesa únicamente la calidad de persona de aquel a quien se dirige. Y hay algo más: *dinamismo*. De esa persona le interesa su condición de caminante, es decir, de ser-que-camina.

Y ya estamos dentro de un ambiente. La indeterminación, la vaguedad, la sencillez de ese apelativo, «caminante», nos obliga a detenernos, sí, a detenernos. Nos paramos a escuchar, porque lo que se va a decir a un-ser-que-camina, muy bien nos puede ser dicho a cualquiera de nosotros:

son tus huellas / el camino.

Inmediatamente después del vocativo que inicia el poema nos encontramos con una referencia de lugar. Inevitablemente, la palabra «caminante» iba a provocar en nosotros la imagen de un camino, de un paisaje, de un *marco* para esa figura. Esta es la función de esas palabras: enmarcar la primera percepción, darle situación, crear el camino. O, para ser exactos, la función de esas palabras es destruir el camino, la imagen de camino que la palabra «caminante» hace nacer en el que oye.

A esta labor de destrucción obedece, muy probablemente, el orden de las palabras. No se nos dice «el camino son tus huellas», con lo que se reforzaría la imagen de camino, sino «son tus huellas el camino», con el acento rítmico del octosílabo cayendo como un índice señalador sobre las huellas. Huellas y no otra cosa es lo que se nos muestra, no camino. Por delante de este ser que camina no vemos nada; por detrás de él van quedando unas huellas. Y para que quede bien claro que ese camino comienza exactamente en las huellas, para evitar esa tendencia a ver el caminito y el caminante, se nos dice tajantemente: «Y nada más».

Hasta este momento —dos versos— tenemos lo siguiente: una impresión subjetiva por la cual nos sentimos —oscuramente, subconscientemente— aludidos, y la visión de un ser que avanza, dejando tras sí un camino.

El verso siguiente trae consigo una intensificación de todo lo percibido hasta el momento. La palabra «caminante» nos vuelve a llegar, enriquecida ahora por la impresión de los versos anteriores. La idea se expresa en toda su dureza conceptual: «No hay camino». Observemos que esto ya estaba dicho de otra forma —el camino son tus huellas y nada más—. Desde este punto de vista, el verso cumple una función de intensificación de lo ya percibido. Pero hay más. Lo importante es la contraposición entre los dos hemistiquios del verso: «caminante - no hay camino»: ocho sílabas perfectamente repartidas en dos partes que se contrapesan y se oponen. La idea y la imagen que crea la primera es destruida por la segunda: pájaro sin alas, mar sin agua, molinero sin molino, caminante sin camino... pero más radical todavía, más definitivo: «no hay camino».

Encontramos aquí un comienzo de absurdo: un ser cuya característica principal, cuya base existencial es la de ser-que-camina, situado en un mundo que es la negación de esa característica; un mundo donde «no hay camino». Ser cuya existencia está amenazada en su misma raíz, paradoja viviente, producto absurdo de un universo caótico donde se puede ser y no ser, al mismo tiempo: caminante en un mundo sin camino.

Pero todo esto son conceptos, ideas, explicaciones. Todo esto está ahí, en el verso tercero; pero más denso, más concentrado. En el escaso espacio de ocho sílabas chocan los dos conceptos, las dos visiones, como dos toros que se embistieran ciegamente, en una lucha a muerte que no tendrá vencedor.

Este espacio tenso y cerrado se abre en el verso cuarto: «se hace camino al andar». La oposición ciega de dos fuerzas antagónicas tiene una solución dinámica: «no hay», pero «se hace», la carencia se supera por la acción, sobre el vacío se construye, y de la nada surge la obra: «se hace camino al andar».

Observemos que las ideas expresadas en los versos tercero y cuarto estaban implícitamente contenidas en la frase «son tus huellas el camino». De aquí se desprende:

1.º) que no hay camino preexistente; 2.º) que al andar se
va haciendo camino.

Llamaremos a la frase «son tus huellas el camino»
tema A; a la frase «no hay camino», subtema a_1; y a «se
hace camino al andar», subtema a_2.

Resumiendo lo dicho hasta ahora tendremos:

Un tema (A) de gran complejidad que encierra dos
subtemas. El primero que se podría condensar en la frase
«caminante en un mundo sin camino». Tema dramático,
tenso, pesimista, con un germen de absurdo en su misma
formulación. El segundo subtema se puede resumir en
la frase «caminante que construye su propio camino»,
tema dinámico, vitalista, de acción, de optimismo creador.

Los dos subtemas, que son en realidad el desarrollo
del tema A, se contraponen, pero el segundo se convierte,
en virtud de su situación (viene a continuación del primero
y recibe además el apoyo de la rima) en la superación del
primero.

Si releemos ahora de nuevo los cuatro primeros versos,
lo que encontramos (expresado en un plano ideológico)
es lo siguiente: un ser, cuya esencia es la de ser-que-camina,
arrojado a un mundo sin caminos, pero que puede cons-
truir por sí mismo el camino que justificará su esencia
de caminante liberándola del absurdo. Hasta ahora, el
balance es positivo. Como Sísifo, nuestro caminante se
justifica por su propia acción.

El verso quinto es una reiteración del subtema a_2, que
pone de realce el carácter dinámico del mismo. Al invertir
el orden, los dos acentos rítmicos más importantes, el
del comienzo y final de verso, caen sobre la frase verbal
«al andar». Con esta frase se introduce en el poema un
nuevo elemento: la temporalidad.

Los versos 6, 7 y 8 son un desarrollo del subtema a_2 a la luz del nuevo elemento: como índices indicadores del tiempo tenemos las dos construcciones al + infinitivo («al andar», «al volver») y el adverbio temporal «nunca».

Un aire de melancolía y pesimismo se extiende a través de estos últimos cuatro versos que estamos considerando. La meditación, o la simple constatación del paso del tiempo, es fuente perenne de melancolía en la literatura y en la vida. La habilidad del poeta, aquí, está en no hablar directamente de ello, sino en sugerir unas acciones que llevan implícita esta idea *(volver la vista atrás)*, destacando el aspecto que es, en realidad, la raíz de toda la tristeza: el carácter irreversible que da el tiempo a nuestra vida. Lo terrible, lo que a uno le llena de angustia o de melancolía, es ver esa «senda que nunca se ha de volver a pisar».

Decíamos que los cuatro primeros versos ofrecían un balance positivo. El subtema pesimista «no hay camino» quedaba superado por el segundo: «se hace camino al andar». En los versos posteriores, al desarrollarse el subtema a_2, nuestro conocimiento se ha enriquecido con nuevas notas, pero nuestra visión es más pesimista: ese hombre que avanza, construyendo su camino, vuelve su vista atrás y ve el camino que irremisiblemente ha hecho y que ya nunca podrá rehacer. Ya no es el Sísifo que baja sonriendo la montaña, justificado por su propio esfuerzo, sino el hombre que melancólicamente observa su pasado irremediable.

En el verso 9 reaparece el subtema a_1, ensombreciendo todavía más el ambiente con su carga de tensión y de absurdo: «caminante, no hay camino». ¿Qué va a suceder ahora? En el verso 3, este subtema aparecía expresado de manera idéntica. ¿Va otra vez a ser superado, como lo fue allí, por la exposición de un tema vigoroso y optimista?

¿Se va a afirmar de nuevo la acción como creadora de caminos? Continuamos oyendo:

> Caminante, no hay camino
> sino estelas en la mar.

Se acaba la voz, se acaba el poema. Ya no es necesario seguir hablando. No habrá diálogo. Hay sólo un ser-que-camina en un mundo sin caminos, que hace un camino que inmediatamente se deshace, que vuelve la vista atrás y se da cuenta de todo. No hay más, ni por encima, ni al lado de este ser. Va solo.

El poema se cierra también sobre sí mismo, recogiendo el subtema a_1, que había quedado pendiente. Este tema no se desarrolla sino que, bruscamente, como un golpe rápido y definitivo, se afirma en una nueva forma que destruye al subtema a_2, con el que venía alternando: no hay caminos porque esos caminos que se hacen al andar son, en realidad, estelas en la mar.

Resumimos la estructura:

Tema A: $\begin{cases} \text{Caminante, son tus huellas} \\ \text{el camino y nada más.} \end{cases}$

subtema a_1: caminante, no hay camino   (pesimismo, absurdidad)

subtema a_2: se hace camino al andar   (optimismo, dinamismo)
                                             supera a a_1.

rep. subt. a_2: Al andar se hace camino

desarrollo de a_2 $\begin{cases} \text{y al volver la vista atrás} \\ \text{se ve la senda que nunca} \\ \text{se ha de volver a pisar.} \end{cases}$ Temporalidad, melancolía.

rep. a_1: Caminante, no hay camino   Punto álgido de enfrentamiento de a_1 y a_2.

variac. de a_1: sino estelas en la mar a_1 supera a a_2. Lo destruye.

Hay que destacar que, todo a lo largo del poema, coexisten dos impresiones: una subjetiva, de apelación, de llamada, y una objetiva, que se concreta en una visión de la humanidad.

La primera está, evidentemente, provocada por el vocativo inicial y el carácter generalizador de la palabra «caminante», aplicable incluso a los dos sexos; se refuerza con el tuteo dialogante de la expresión «*tus* huellas».

Hay, por tanto, un primer momento de identificación con el personaje interpelado, una subjetivación.

En los versos restantes, la expresión, por el contrario, se despersonaliza al máximo: no hay un solo tiempo de verbo en forma personal (son todos construcciones con infinitivo o impersonales con *se*). Desde el verso 2 al 8 inclusive, lo que recibimos es una visión objetiva, universal de la existencia humana.

Esta alternancia de subjetividad y objetividad se resuelve en los versos 9 y 10, en los que se funden las dos impresiones. De nuevo, la llamada «caminante» nos hace sentir que todo eso que hemos visto somos nosotros mismos, nuestra vida; que ese ser que camina desoladamente, sin saber a dónde y sin dejar huella, soy yo mismo.

Nos falta comentar lo más difícil de un poema: el tono en que está dicho. Del primitivo carácter oral que tuvo la poesía nos queda hoy una huella, que a veces es difícil de rastrear. Y, porque es difícil, nos equivocamos tantas veces. Leemos con énfasis lo que el poeta dijo con naturalidad; con resignación, lo que es sarcasmo; con melancolía, lo que es desesperación. Y esto sucede especialmente con Antonio Machado.

Por primera vez hemos citado el nombre del poeta, y no es por azar. Hasta ahora, hemos prescindido voluntariamente del autor porque, en principio, para un análisis de texto no lo necesitamos, y a veces, incluso, entorpece la visión «inocente» que ha de ser la del analista. Cuando estamos enterados del autor de un poema, inmediatamente vamos a buscar en él lo que sabemos que son sus características. Y, si un poema no se ajusta a lo que «sabemos» que es típico del autor, se considera poco «significativo». Quizá sería conveniente distinguir entre «análisis de texto», en el que lo importante es el texto mismo, y «comentario de texto», que sería un camino para conocer a un autor.

Al hablar del tono, inevitablemente, nos pasamos del análisis al comentario. Es evidente, no cabe ninguna duda de que el tono de este poema es sobrio. Pero, al decir esto, me tengo que referir a la sobriedad habitual de Machado mucho más necesariamente que al hablar de las ideas o de los sentimientos de este poema concreto.

Cuando decimos que el poema es sobrio, hacemos esta afirmación basándonos, no solamente en la falta de artificios retóricos, sino, fundamentalmente, en el conocimiento de la personalidad y en el «tono habitual» de la obra del autor. De hecho, a pesar de la desnudez retórica, de la sencillez expresiva del poema que analizamos, de hecho, repito, se puede recitar como si se tratase de un manifiesto existencialista, con espíritu y ardor iconoclastas.

La pregunta final que hay que hacerse ante un poema —y digo la última porque, si nos la hiciéramos al comienzo, nos sentiríamos incapaces de continuar— es: ¿cómo lo «decía» el autor?, ¿cuál es el tono de este poema?

No podemos olvidar nunca que el tono hace variar el significado, que, si nos equivocamos aquí, hay que comenzar de nuevo. Y el tono es la cuerda floja del análisis: la mejor regla es la habilidad del funambulista.

Por eso, todo lo que pueda ayudarnos a resucitar la voz creadora del autor debe ser aceptado. La referencia a la obra total es infinitamente más necesaria que cuando se trata de ideas. El Machado que nos ofrece esta desolada visión de la existencia humana es el mismo que dice: «Quien habla solo espera / hablar a Dios un día». Pero su postura creadora es tan distinta en los dos momentos que, para la mejor comprensión de cualquiera de los dos poemas, el conocimiento de uno no favorece la del otro; aunque para el conocimiento del autor sí sea necesario conocer ambos.

He dicho que el tono de este poema es sobrio. Lo que se dice está dicho con parquedad, escuetamente. No hay palabras grandilocuentes, ni interjecciones, ni encabalgamientos abruptos, ni rimas o aliteraciones estridentes o rechinantes. Desde un punto de vista formal, la sencillez es máxima. A esta sencillez formal *debe de* corresponder una voz no altisonante, que no matiza especialmente ninguna palabra, ningún sonido, que deja que las frases vayan depositando pausadamente su carga conceptual.

A esta sencillez de tono, a esta sobriedad, obedece la elección del verso octosílabo, el más habitual en castellano, el que aparece a veces, espontáneamente, en la prosa; y obedece también la rima asonante de los pares, rima fácil, de romance, que deja discurrir libremente al pensamiento.

Estamos acostumbrados, por nuestra cultura occidental, a que la idea pesimista, el sentimiento doloroso, se exprese mediante la crispación, el retorcimiento, el desgarro. Por eso, cuando el dolor o la tristeza se vierten en los moldes de la serenidad, experimentamos el escalofrío de lo inusitado. Por eso nos sorprende tanto la «Piedad» del Vaticano, con su gesto apenas alterado. Por eso nos conmueven Manrique y Machado.

Esto es cuanto nos atrevemos a decir del tono: sencillez, contención, sobriedad, serenidad dolorosa. Manera especialísima de decir, de comunicar la propia visión del mundo, que, precisamente por ser así expresada, se individualiza y se hace exclusiva de Machado.

VII

LEON FELIPE

Nadie fue ayer
ni va hoy,
ni irá mañana
hacia Dios
por este mismo camino
que yo voy.
Para cada hombre guarda
un rayo nuevo de luz el sol...
y un camino virgen
Dios.

Los poemas breves exigen una gran flexibilidad por parte del que va a analizarlos, porque ante ellos no puede adoptarse una misma técnica. En un poema largo, siempre se podrá adoptar la cómoda postura de buscar el tema principal y perseguir sus variaciones o los contratemas a lo largo de los versos: es una regla que siempre da resultados, aunque resulte un tanto aburrida. En los poemas breves, sin embargo, estamos mucho más cerca del fenómeno de la creación poética. Hay menos discurso, menos desarrollo intelectivo y por eso la poesía está más al desnudo... y ante ella fracasan los análisis.

Podemos distinguir dos tipos fundamentales de poemas breves: los condensados y los intuitivos. De los primeros puede ser ejemplo el de Machado, «Caminante, son tus huellas». Lo que se ha producido en ellos es una concentración expresiva, falta la sucesión de momentos de tensión y de distensión o relajamiento que, según T. S. Eliot, debe ser característica de todo buen poema largo. En los poemas breves condensados, el análisis debe desarrollar las ideas o las intuiciones que están apretujándose en el molde del poema, debe exponer, «des-concentrar», para hacer comprensivo todo lo que en una primera lectura nos emociona pero que se nos escapa intelectualmente. De todas formas, en el fondo se queda siempre la poesía, es decir, aquello que hace que una sucesión (o una concentración) de ideas nos emocione, pero el análisis ha contribuido realmente a una más completa comprensión del poema.

En los poemas breves intuitivos, la base está constituida por una impresión o una intuición. La función del poema es permitir al lector o al oyente ser partícipe de esa intuición del autor. Algunas veces, subyace a esa impresión una cosmovisión que da pie para un comentario ideológico (es el caso de este poema de León Felipe): el poema se convierte, entonces, en una impresión *desde* una determinada visión general. En otros casos, la emoción poética surge desencarnada de todo contexto ideológico. Pura, estremecedoramente imprevista se alza una voz que dice «Zarza florida, / rosal sin vida...» o «Troncos de soledad, / barrancos de tristeza / donde rompo a llorar...».

En estos casos extremos, el análisis debe respetar esa intuición. Podemos analizar los medios, los recursos expresivos que el autor ha utilizado para comunicárnosla; podemos sopesar el valor expresivo (y no intelectivo) de las palabras empleadas, los contrastes, las metáforas, las rupturas de puentes lógicos, los símbolos... en fin, intentar ver el camino que ha seguido la impresión desde el autor hasta nosotros, acercarnos lo más que podamos al proceso poético. Lo que no debemos hacer es explicarla históricamente ni biográficamente, so pena de añadir al poema elementos que no están en él y desvirtuar así los que realmente se encuentran.

En el poema de León Felipe que ahora nos ocupa la estructura es muy sencilla. Consta de dos únicos elementos unidos paratácticamente; es decir, la relación entre ellos es de orden ideológico, sin que exista elemento formal de enlace. El primero está formado por los seis primeros versos, que equivalen, en realidad, a tres octosílabos y un tetrasílabo. El segundo, por los cuatro restantes, que equivalen a dos octosílabos y un decasílabo. Estructuralmente, el poema se organiza en dos bloques así distribuidos:

	8 — Nadie fue ayer ni va hoy	—	rima o-i
I	8 — ni irá mañana hacia Dios	—	rima ó-o
	8 — por este mismo camino	—	rima i-o
	4 — que yo voy	—	rima o-i
	8 — para cada hombre guarda	—	rima a-a
II	10 — un rayo nuevo de luz el sol	—	rima ó-o
	8 — y un camino virgen Dios	—	rima ó-o.

El único signo externo de unión es la rima aguda en *ó-o*, a pesar de lo cual creemos que la relación es de tipo paratáctico.

Los dos bloques son casi equivalentes en cuanto a la cantidad de materia fónica: 28 sílabas el primero y 26 el segundo, agrupadas fundamentalmente en unidades octosilábicas, con la excepción del verso primero y octavo.

Es interesante hacer notar que esos dos versos con-
tienen ideas fundamentales para la cosmovisión del poeta.
El desequilibrio que producen en la estructura parece
responder al énfasis del autor en señalar determinados
aspectos de su visión del mundo.

Constituyendo la base de este poema nos encontramos
la intuición de que «Para cada hombre guarda un camino
virgen Dios». Podemos llamarla, en vez de intuición, idea
o creencia, como prefiramos. Lo importante es ver que el
poeta lo que quiere comunicar es fundamentalmente eso.

En la intuición se encuentran dos ideas: una implícita,
que es la que se va a desarrollar en los seis primeros
versos: el camino hacia Dios es una cuestión personal,
cada hombre tiene un camino. Una explícita, que se va
a desarrollar y completar en el verso noveno: ese camino
es un don de Dios, no es una elaboración estrictamente
personal sino algo que Dios «guarda», que tiene preparado
para cada hombre.

La intuición fundamental va entretejida con otra que
la complementa: «Para cada hombre guarda / un rayo
nuevo de luz el sol». Nos encontramos aquí con un optimismo cósmico que merece la pena comentar.

Desde un punto de vista formal, podemos afirmar que
el sol es una metáfora cuyo término real es la vida. Pero
en la intuición que ha tenido el poeta están presentes
ambos términos, su optimismo los engloba a los dos. Es
decir, la vida guarda una nueva manifestación para cada
hombre, igual que el sol guarda una nueva luz, y Dios,
un camino nuevo.

Dios - vida - sol (naturaleza) forman así una tríada,
armónicamente conjugada, cuya trabazón viene expresada
formalmente en el verso por la dependencia de los dos

términos (Dios y Sol) de un mismo y único verbo: «guarda».

Trascendencia e inmanencia se estructuran así armónicamente. Dios es la instancia suprema. Esta supremacía hace que sea la única palabra que se repite en el poema y ella sola ocupa un verso entero, el último, el que cierra y termina la comunicación que el poeta ha intentado.

Dios es providente, «guarda» un camino al hombre que, consciente de que esto es un don, lo acepta y lo sigue sin rebeldía ni extrañeza. Ese camino «guardado» es el mismo que el poeta, individualmente, personalmente, está recorriendo. Hay aquí una perfecta coincidencia entre individualismo y providencialismo. Una especie de armonía preestablecida entre el Más Allá y el mundo.

Como consecuencia de la providencia divina y de la aceptación humana, la vida, la naturaleza, se ven también como armonía, como don siempre nuevo y renovado.

Hasta qué punto todo esto es cosmovisión personal lo podemos advetir comparándolo con una vivencia de signo distinto. Ponemos como ejemplo unas líneas del novelista Julio Cortázar en *Rayuela*:

> Me desperté y vi la luz del amanecer en las mirillas de la persiana. Salía de tan adentro de la noche que tuve como un vómito de mí mismo, el espanto de asomar a un nuevo día con su misma presentación, su indiferencia mecánica de cada vez: conciencia, sensación de luz, abrir los ojos, persiana, el alba.
>
> En ese segundo, en la omnisciencia del semisueño, medí el horror de lo que tanto maravilla y encanta a las religiones: la perfección eterna del cosmos, la revolución inacabable del globo sobre su eje. Náusea, sensación insoportable de coacción. Estoy obligado a tolerar que el sol salga todos los días. Es monstruoso. Es inhumano.

En estas líneas se ha recogido una impresión en cierto modo emparentada con la de nuestro poema (percepción de la armonía cósmica) pero, al estar inserta en una cosmovisión general muy distinta, la vivencia que provoca es totalmente opuesta.

La comparación con ese fragmento de Cortázar es útil para otra cosa todavía. En él vemos cómo se ha producido esa impresión, es decir, asistimos al proceso de transformación que va desde la sensación primera (abrir los ojos, ver la luz, la persiana, como todos los días) a una sensación secundaria (monotonía, repetición), hasta desembocar en la vivencia: náusea, rebeldía.

En León Felipe nos falta la sensación primera. Lo que se nos comunica es la segunda: la de la ida hacia Dios por un camino personal y reservado por Dios mismo, a través de un mundo que guarda algo nuevo para cada persona. Vivencia profunda de una armonía preestablecida en la cual el hombre se integra también armónicamente, *y en la cual colabora activamente*. Lo característico de León Felipe es su personalismo, su activismo. Frente al «estoy obligado a tolerar...» él siente, por el contrario, que nadie sino él mismo *va* por ese camino nuevo. Y ese personalismo se refleja formalmente en el pronombre enfático «*yo* voy», y en el desequilibrio de la estructura provocado por los versos sexto y octavo, que rompen la unidad octosilábica.

Hemos insistido en que el poema refleja una impresión, una intuición. Esto supone un carácter de inmediatez, de algo inmediatamente percibido. El poema está sentido desde el presente y así está comunicado. Ya conceptualmente se nos dice: «Nadie fue ayer / *ni va hoy*, / ni irá mañana... por este mismo camino que yo voy» *(ahora,* sobreentendemos, *que yo estoy yendo).*

Pero hay más. Fijémonos en las cinco palabras sobre las que cae la rima: hoy - voy, Dios - sol - Dios. Con las dos primeras queda destacado el carácter personal e inmediato de la vivencia (*yo* voy *hoy*) al que nos estamos refiriendo. Las otras tres refuerzan la íntima trabazón existente entre mundo y divinidad, que estaba también señalada por la comunidad de verbo («guarda»), e indican la supremacía del elemento repetido.

La medida fluctuante de los versos, la rima asonante, la acentuación irregular, contribuyen a crear un ritmo más propio de la prosa que del verso. No se tiene impresión de sometimiento a un esquema, pero las pausas de los cuatro primeros versos convierten a cada uno de ellos en rotundas afirmaciones, firmes, sosegadas, seguras. El sentido lógico de lo expresado se mantiene en suspenso durante ellos y se va remansando en los siguientes, en afirmaciones que comprenden, cada una de ellas, dos versos. Los cuatro primeros versos son una especie de redoble de tambor destinado a llamar la atención sobre lo que viene después. Los versos se extienden, se ensanchan, a continuación, como corresponde a la mayor densidad ideológica. Y el poema culmina y se cierra espectacularmente con un verso bisílabo y agudo, cuya sonoridad viene aumentada con el auxilio de la rima.

El tono rotundo, sereno y seguro, corresponde perfectamente a la cosmovisión (armonía, hombre centrado en un mundo benéfico) que ofrece el poema. (¡Ojo!: el poema, no la obra de León Felipe.)

VIII

RAMÓN PÉREZ DE AYALA

Modos del alma

A Santiago Rusiñol.

El hombre no es su traza corporal,
ni es su palabra volandera,
ni lo que haya bien o haya hecho mal,
ni nada externo y por de fuera.
Todo él está en moradas interiores,
más allá de la carne oscura;
y nunca ojos habrá, salteadores,
que profanen esta clausura.
Selladas han de estar moradas tales.
La soledad es su atributo;
y, como en los jardines conventuales,
el silencio sazona el fruto.
Éste es el hombre, sombra caediza,
ciega, vehemente y errabunda,
que en la interior morada solemniza
su significación profunda.
Igual la tierra, ciega y vehemente
—sombras hacinadas sin cuento—,
parece sosegar con luz consciente
en un interior aposento.

El tumulto de fuerzas, ahora afines
y luego enemigas, se encalma
y halla conciencia y expresión. Jardines.
Dijéranse modos del alma.
El estanque en arrobo es ojo casto
y de firmamento está hambriento;
que no le sacia el diamantino pasto
de la carne del firmamento.
El ciprés caviloso, erecto y fuerte,
que en lo azul recorta su ojiva,
no es otra cosa que el miedo a la muerte,
por amor a la rosa viva.
El rojo del clavel, carnal congoja.
Y la cencida superficie
verde del prado, y una que otra hoja
seca, dolor en la molicie.
La estatua mutilada, ídolo roto;
la fe que perdió su entereza.
El borboteo de un anhelo ignoto
sobre el musgo de la pereza.
Las avenidas tersas y nevadas,
perdiéndose en los arrayanes,
igual que entre flaquezas emboscadas
se derriten nuestros afanes.
Y las sutiles aves huideras
sobre un ocaso de carmín;
memorias, ilusiones y quimeras.
Y al fin, el último jardín.
Santiago, tus pinceles poetizan
las cosas, con clarividente
emoción, y en tus parques se deslizan
las almas silenciosamente.

El poema está escrito en versos de 11 y 9 sílabas agrupados regularmente, con rima consonante abrazada: ABAB. El regusto arcaizante de este tipo de estrofa (casi serventesios) responde al mismo gusto que impone el cultismo y el arcaísmo del vocabulario.

Podemos distinguir en el poema tres partes. La primera, que comprende del verso 1 al 24; la segunda, de éste hasta el 48, y los cuatro últimos versos, que forman la tercera parte. La primera responde al esquema A = D y el primer término, a su vez, se organiza en la forma siguiente: A no es B, es C. Reducido a fórmula sería: A (no es B, es C) = D. La segunda parte repite el esquema fundamental identificativo (A = D), pero desglosado término a término: $A_1 = D_1$, $A_2 = D_2$, etc. Finalmente, la conclusión o parte tercera, estructuralmente, es un añadido, aunque queda implícita una relación con lo anterior.

Vamos a ver ahora la estructura con frases del poema, para hacerla más comprensible:

1.ª parte: El hombre (A) *no es* su traza corporal, ni su palabra,
ni... (B)... *es* el hombre sombra caediza... (C)...
igual la tierra (D).

2.ª parte: El estanque (d_1) es ojo casto (a_1)
el ciprés (d_2) es miedo a la muerte (a_2)
el rojo del clavel (d_3), carnal congoja (a_3)
prado verde y hoja seca (d_4), dolor en la molicie (a_4), etc.

3.ª parte: *Santiago*, tus pinceles poetizan las *cosas*
                    X (elemento nuevo causal)   D
en tus parques se deslizan las *almas*.
                    X   A

Es decir, X o *en X*, según se considere sujeto o lugar, las cosas (D) son iguales a las almas (A).

Reducida a fórmula tenemos, pues, la siguiente estructura:

1.ª parte: A (no es B, es C) = D.

2.ª parte: $a_1 = d_1$

$a_2 = d_2$

$a_3 = d_3$

$a_4 = d_4$.

3.ª parte: en X, A = D.

Obsérvese, además, la perfecta distribución de las partes: 24 versos la primera y 24 la segunda. La tercera es sólo colofón, resumen abreviado de todo lo anterior.

Una vez establecida la estructura, pasemos a analizar lo que el poeta ha querido comunicarnos en el poema.

El conceptualismo y el uso de un vocabulario culto y de tendencia arcaizante lo hacen muy típico de su autor. Expresiones como «traza corporal», «palabra volandera», «por de fuera», «sombra caediza», «aves huideras», son muy características de Pérez de Ayala y revelan el gusto por la derivación que le lleva a las construcciones de neologismos. Así las terminaciones en -era: «volandera», «huidera», que saltaron al título de una de sus novelas más famosas: *Troteras y danzaderas*.

Su concepción del hombre es interesante por original. Sus primeras palabras nos recuerdan otras de un clásico español: «en el hombre no has de ver / su hermosura o gentileza, / su hermosura es la nobleza, / su gentileza el saber». Curiosamente, para Pérez de Ayala, tan preocupado de su aspecto externo que se ganó la merecida fama de dandy, no importa la «traza corporal ni nada externo y por de fuera». Y entre las cosas externas sitúa la palabra y las obras. A la palabra la califica de «volandera», lo

que nos hace pensar en algo pasajero, efímero, en cierto
modo, banal. En las obras no hace distinciones: «ni lo
que haya bien o haya hecho mal». Verso extraño que para
que resulten once sílabas hay que leer: «ni - lo - que - ha -
ya - bien -o ha - yahe - cho - mál», y en el que se ha sobre-
entendido el participio «hecho», en la primera parte, con
cierta violencia sintáctica. Creo que se puede interpretar
de varias formas: no importan sus acciones, sean éstas
moralmente buenas o malas; o bien, no importa que haya
hecho las cosas bien o mal, es decir, que haya fracasado
o triunfado. El sentido parece inclinarnos a la segunda
interpretación, porque el obrar moralmente bien o mal
parece que no puede considerarse algo «externo», mientras que sí puede ser así considerado el éxito o fracaso
de las acciones. Otra interpretación posible es que no
importan las obras sino la intención que llevó a obrar.
El hombre no debe ser entonces juzgado por lo que podemos observar desde el exterior (palabras y obras), sino
por su interior. Pero a este interior, nos dirá enseguida,
no pueden llegar los ojos humanos:

> Todo él está en moradas interiores
> más allá de la carne oscura;
> y nunca ojos habrá, salteadores,
> que profanen esta clausura.

Vemos aquí al hombre convertido en un enigma para el
hombre. Aquello que de él podemos percibir carece de
importancia. El verdadero hombre se nos escapa. Fijémonos en que dice «*todo él*», es decir, niega toda identidad
entre el hombre y sus manifestaciones externas: el hombre
no es traza corporal, palabra o acción, *todo él* es otra
cosa, está en otra parte. Llaman la atención las expresiones
de tipo religioso, bíblico e incluso místico. Las «moradas

interiores» traen el inevitable recuerdo de Santa Teresa; la «carne oscura» y los «ojos salteadores» hacen pensar, aunque sea vagamente, en expresiones parecidas de San Juan de la Cruz: «gamos salteadores», «miedos de la noche veladores»... Estas moradas serían *profanadas* si los ojos humanos rompiesen su «*clausura*». Y, como la mujer buena de la Biblia, han de estar «*selladas*». Finalmente, la comparación con los «jardines conventuales». Éste es, efectivamente, un rasgo estilístico muy comentado —e incluso criticado— en la primera época de Pérez de Ayala: *Tinieblas en las cumbres.*

El poeta ha ido estableciendo un cierto paralelismo conceptual entre los versos en que se afirma lo que el hombre no es y aquellos en que se nos dice dónde está todo él:

No es traza *corporal*	está más allá de la *carne*
... ...	oscura
palabra volandera	el *silencio* sazona el fruto
ni lo que haya hecho (relación	*la soledad* es un atributo
con los otros)	
ni nada *externo*	en moradas *interiores*.

Hasta este momento, lo que se nos ha dado del hombre a través de afirmaciones y negaciones es la visión de un ser recoleto, difícilmente accesible, recluido en la más cerrada intimidad. Pero ¿qué es realmente ese ser solitario y silencioso?:

> Éste es el hombre, sombra caediza,
> ciega, vehemente y errabunda,
> que en la interior morada solemniza
> su significación profunda.

Esa es la concepción que tiene Pérez de Ayala del hombre, coincidente con la que nos ha dejado a través de sus novelas de la primera época (de *Tinieblas en las cumbres* a *La pata de la raposa):* un ser efímero e inconsciente, que busca a ciegas, torpemente, su destino, zarandeado por la pasión. Su definición sería perfectamente aplicable al personaje que le representa en sus novelas, Alberto Díaz de Guzmán, pero también a muchos otros personajes de ellas: son notas comunes al género humano. Para Pérez de Ayala eso «es el hombre».

No es absolutamente pesimista esta visión. La «sombra caediza», de reminiscencias barrocas, cobra grandeza y esplendor, se *«solemniza»* en la «interior morada» a donde no llegan los ojos ajenos. Allí, en soledad, en silencio, adquiere su «significación profunda». Por eso nada importan las manifestaciones externas: cuerpo, palabra, acción. «In interiore hominis habitat veritas». Y, como un recinto sagrado, esas moradas interiores exigen respeto, no pueden ser «profanadas». Cuál es para el poeta la «significación profunda», no lo dice, porque no interesa: cada uno encontrará su propia significación. Lo que él quiere decir es que el sentido de ser hombre no lo encontraremos en lo que el hombre hace hacia el exterior, sino en lo más profundo de su intimidad.

A partir de este momento, formulada ya la identidad del primer término, el poeta establece la relación con el segundo:

> Igual la tierra, ciega y vehemente
> —sombras hacinadas sin cuento—,
> parece sosegar con luz consciente
> en un interior aposento.

De los cuatro términos en que se define al hombre, repite tres: «sombra», «ciega y vehemente». A las «moradas interiores» corresponde el «interior aposento»; a la «significación profunda», la «luz consciente». Como el hombre, la tierra tiene un sentido que sólo se halla en el silencio y soledad, cuando

> El tumulto de fuerzas, ahora afines
> y luego enemigas, se encalma.

Cuando eso sucede, el hombre, e igual la tierra, encuentra la conciencia de sí mismo y es capaz de expresarla: «halla conciencia y expresión». Para el poeta, el ejemplo de ese sosiego iluminado con luz consciente, de ese tumulto encalmado, son unos jardines (después nos dirá qué jardines, concretamente): un aposento interior de la tierra que equivale a la morada interior del hombre:

> ... Jardines.
> Dijéranse modos del alma.

Con esas palabras culmina la identidad establecida entre el hombre y la tierra, considerados globalmente. Comienza ahora un pormenorizado desarrollo de esa igualdad, término a término. La relación entre los términos es conceptual, como corresponde al paso de realidades concretas, visibles, a realidades de orden abstracto, espiritual. En el primer caso, sin embargo, hay una base sensorial: el estanque *se parece*, en efecto, a un ojo. Pero obsérvese que no se trata de una simple equivalencia: estanque igual a ojo; ciprés igual a miedo. La realidad concreta aparece ya transfigurada, presenta cualidades espirituales: el estanque está *en arrobo*; el ciprés es *caviloso*. Vamos a ir analizando con detenimiento.

Entre el estanque y el firmamento el poeta ve una relación similar a la amorosa: el estanque es ojo y el firmamento, carne. Su relación es apasionada y casta; el estanque está hambriento de contemplación y no se sacia nunca:

> El estanque en arrobo es ojo casto
> y de firmamento está hambriento;
> que no le sacia el diamantino pasto
> de la carne del firmamento.

Como un moderno Berceo, va Pérez de Ayala dando las equivalencias de su paisaje con un rigor casi matemático:

el ciprés	miedo a la muerte por amor a
la rosa viva	la vida
el rojo del clavel	carnal congoja
prado verde y hoja seca	dolor en la molicie
estatua mutilada	fe quebrantada
borboteo de la fuente	anhelo ignoto
musgo	pereza
avenidas que se pierden	afanes entre flaquezas
entre arrayanes	
aves huideras	memorias, ilusiones, quimeras

Son equivalencias que comprendemos con la inteligencia y que dan al poema un aire conceptual. Recuerda vagamente a un test de inteligencia en el que unos «parecidos» son más evidentes que otros. Naturalmente, las equivalencias son unas entre las miles posibles. Interpretar un prado verde con hojas secas como 'dolor en la molicie' es lo que en un test de asociaciones se calificaría como original positiva; es decir, creo que es una interpretación original, pero con una base real que nos permite aceptarla; en efecto, la relación hoja seca con melancolía o dolor es bastante frecuente, y un prado verde puede sugerir fácilmente la idea de molicie, algo blando y sensual que invita al descanso. Una interpretación original pero negativa es aquella puramente subjetiva que ninguna otra persona puede compartir: por ejemplo, si dijera: el rojo del clavel, la fe perdida. En el poema no se dan este tipo de interpretaciones. La relación entre los dos términos nos es perceptible una vez formulada. Se diferencian en la mayor o menor originalidad. Así, me parecen bastante comunes la del estanque, el ciprés, el clavel y la estatua, y más novedosas, menos frecuentes, las del prado, la fuente, las avenidas y las aves. Me parecen, sobre todo, interesantes la del prado ya comentada y la de la fuente: el borboteo incesante como un anhelo de algo ignorado y, por ello, también constante. La relación musgo - pereza es de una gran finura: la planta esponjosa, húmeda, corrosiva, que va cubriendo las aristas y las durezas hasta dejarlo todo convertido en una realidad blanda y suave, es perfectamente sugeridora del estado de ánimo de la pereza.

En su conjunto, las equivalencias nos permiten ver cuál es la visión del mundo de Pérez de Ayala. Visión más bien pesimista y con tensiones contrapuestas: anhelos insatisfechos, amor a la vida, sensualidad, angustia, dolor, pasión, apatía, duda, esfuerzos inútiles, desengaño...

Si todo el poema es de tono conceptual, el final de esta segunda parte no lo es. La serie de equivalencias se acaba y se rompe con una última visión, sugeridora, intuitiva, abierta a varias interpretaciones, precisamente porque el autor no da ninguna:

Y al fin, el último jardín.

O, lo que es igual, el último modo del alma: ¿esperanza? ¿miedo? ¿tristeza? No sabemos. Como en la «significación profunda», cada uno le dará su interpretación personal, como personal ha de ser ese último jardín que inevitablemente todos recorremos.

En la tercera parte, constituida por los cuatro versos finales, el poeta se dirige a una persona concreta, distinta del lector, asegurando que en su obra tiene lugar la identidad que él acaba de exponer. Santiago Rusiñol, el pintor, plasma en sus cuadros una realidad *poetizada* (cipreses cavilosos, estanques en arrobo...) en la que se produce la fusión —jardines igual a modos del alma— que Pérez de Ayala ha desarrollado. Lo que nos preguntamos es en qué medida los cuadros de Rusiñol fueron el punto de partida del poema. Es imposible determinarlo con exactitud, pero, conociendo la obra de ambos artistas, me inclino a creer que la visión de los cuadros pudo motivar la segunda parte, es decir, la que desarrolla la igualdad jardines = modos del alma. Pero la primera, la que desarrolla el concepto del hombre, sin duda era preexistente. El proceso pudo ser: los cuadros de Rusiñol dan una visión profunda de la realidad, son paisajes espirituales, equivalen a estados del alma. La tierra tiene una significación profunda que aflora cuando el «tumulto de fuerzas» contrapuesta «se encalma»; lo mismo sucede en el hombre: la significación está en lo interior, no en la apariencia. Me parece significativo que, en un poema dedicado a un pintor, éste no aparezca hasta el final. Pensemos que esos cuatro versos muy bien pudieron ir al comienzo, y hasta sería más lógico. Creo que, fuere cual fuere el punto de partida, a Pérez de Ayala le interesó destacar, como suyas, la concepción del hombre y del mundo que plasma su poema. Y creo que un gran acierto y una buena medida de su habilidad artística es que, en el poema, sean igualmente reconocibles las ideas de Pérez de Ayala, su visión del hombre y de la vida, y la impresión que producen los cuadros de Santiago Rusiñol.

IX

ALONSO QUESADA

Oración de media noche

La barca negra
que siempre está en la mar, viene a la orilla:
Hay un farol iluminado en ella
y un viejo manto para la partida...

Toda la turba sideral parece
que se confunde atónita y que espía
las huellas de mis pasos en la playa...
Mi sombra va delante como guía.
Llega hasta el alma el resonar de estrellas
y no se cree en nada de la vida:
La hora mejor para una muerte seria,
sin ataúd, ni cantos, ni elegías...
Voy en silencio por la oscura playa.
La noche es otoñal... Nadie camina.

Al fondo de la aldea, el cementerio
es una sombra luminosa... Brilla
como la mancha que los ojos tienen
cuando han mirado al sol, *y ya no miran...*

¿No has meditado nunca en esa losa
que ha de tener una memoria, escrita,

y en esa tenebrosa luz de lámpara
que enciende la piedad de la familia?
¿O en aquel padrenuestro extraordinario
que siempre cantan en la despedida?...
¿O en ese —¿de qué ha muerto?— que florece
en estas tardas bocas de provincia?...
¿Y luego, el día de los muertos, esas
sentimentales gentes que visitan
los camposantos, y renuevan todos
nuestros inciertos pasos por la vida?

¿No sientes el dolor de esta grotesca
danza de reglamentos, que eterniza
nuestra memoria, y graba fuertemente
la huella que te importa dejar limpia?

Y ahora el silencio es más intenso; y habla
una tranquila voz, en lejanía:
—Aleja de tu espíritu ese albergue,
que será para todos, algún día...
Y evádete, en la noche, entre las sombras,
y sé una parte de la noche misma...

Nos encontramos con un poema cuya métrica responde
a la del romance heroico: no hay estrofas, sino una serie
de versos endecasílabos (excepto el primero) que riman
en asonante los pares. La rima es en i-a y permanece inva-
riable en todo el poema. Tiende a la disposición en cuartetas.

La estructura del poema está organizada de la manera
siguiente: dos partes de aproximadamente la misma extensión (4 + 10; 4 + 16) y una parte final que introduce
un elemento nuevo, cerrando la estructura que hasta ese
momento era bimembre. Vamos a desarrollarla más detenidamente a fin de hacerla comprensible.

En el poema aparecen *sucesivamente* dos elementos
antagónicos representados por «la barca negra» y «el

cementerio». El desarrollo de estos dos elementos se hace con un paralelismo no absoluto, pero sí notable. Veámoslo:

1.ª parte	2.ª parte
La barca	el cementerio
en el mar (situación)	al fondo de la aldea
hay un farol *iluminado* en ella	es una sombra *luminosa* (...) *brilla.*

A continuación viene la enumeración de las circunstancias que rodean a cada uno de los elementos anteriores:

turba sideral	sentimentales *gentes*
mis pasos en la playa	*losa*
mi *sombra*	*tenebrosa luz*
resonar de estrellas	tardas *bocas*
	padrenuestro *(cantado).*

De las circunstancias enumeradas, el poeta saca unas consecuencias que ofrece a modo de conclusión:

la hora mejor para una muerte seria	grotesca danza de reglamentos

Un resumen ambiental cierra la primera parte y se utiliza un elemento de él para terminar la segunda:

1.ª parte	2.ª parte
voy en silencio	y ahora en silencio

3.ª parte que cierra la estructura:

habla *una tranquila voz*

El poema se basa en la alternativa de dos posturas distintas ante la muerte, simbolizadas, respectivamente, por «la barca negra» y «el cementerio». El poeta considera primero una y después otra. La «voz tranquila» del final supone una nueva perspectiva sobre el problema. Vamos a ir analizando detenidamente cada parte.

Todos los versos del poema son endecasílabos, excepto el primero. Un elemento queda así realzado, al ocupar por sí solo todo el verso inicial: la barca negra. El carácter simbólico de este elemento no deja lugar a dudas. Incluso antes de que perfilemos el significado del símbolo, llaman la atención los detalles irreales del objeto y de la situación: la barca es *negra* (color poco frecuente en embarcaciones pequeñas), *siempre* está en el mar (situación anómala que individualiza a esta barca); no tiene tripulantes y, sin embargo, «viene a la orilla» y en ella hay «un farol iluminado y un viejo manto para la partida». Es esta última palabra la que más claramente nos señala el significado profundo de la situación, que, tal como está presentada, tiene un aire onírico. Esa barca que se acerca a la orilla parece invitar a subir a ella. Atemoriza un poco su negrura, pero alienta e incita la luz y el manto que servirá de abrigo en la travesía. ¿Hacia dónde? «Nuestras vidas son los ríos / que van a dar en la mar / que es el morir»... Desde la barca de Caronte (por citar sólo nuestro mundo occidental) hasta hoy, los ejemplos de la relación mar-muerte son abundantísimos. El poeta está viviendo una situación que siente como una invitación a la muerte. El mar es la muerte y la orilla es la vida. La barca «viene» hacia él con el farol encendido y el manto para ayudarle en la travesía. Las palabras del poeta nos recuerdan otras parecidas de Antonio Machado:

> Y cuando llegue el día del último viaje
> y esté al partir la nave que nunca ha de tornar
> me encontraréis a bordo, ligero de equipaje,
> casi desnudo, como los hijos de la mar.

La sencillez y austeridad en ese último viaje es idéntica en ambos poetas: «casi desnudo» parte Antonio Machado; envuelto en un viejo manto, Alonso Quesada. Es curioso el empleo de esta frase, «viejo manto», que es uno más de los detalles irreales. De una parte, la vejez sugiere el uso, es una prenda gastada por los sucesivos viajeros de la barca. Pero, unido a «manto», el adjetivo sugiere también la idea de «antiguo». Manto, como prenda para abrigarse, es un anacronismo. Posiblemente ha habido una influencia de la iconografía religiosa (la Virgen protegiendo bajo su manto a los devotos). Todo ello acentúa el aspecto irreal de la escena, que se interpreta como una invitación a la muerte. A un tipo de muerte con características muy determinadas, como en seguida tendremos ocasión de ver.

En la presentación de la escena alternan la objetividad y la subjetividad: «siempre está», «hay un farol» se mantienen en el plano de la objetividad. Pero la implicación del poeta en la escena es señalada por el verbo *«viene».* Aquí el poeta se toma a sí mismo como punto de referencia y siente el acercarse de la barca a la orilla como un venir hacia él. No es que se acerque a la orilla, es que «viene» hacia donde él está.

Un ambiente de expectación y asombro rodea este suceso. El poeta siente como si el universo se quedara suspenso observándole. Es una vivencia de dimensiones cósmicas: «la turba sideral» *parece* (obsérvese cómo el poeta matiza; no afirma sino que lo da como impresión subjetiva) que *se confunde, atónita* y que *espía.*

En medio de esa expectación «sideral», el poeta va solo. Tras él quedan las huellas de sus pasos y delante va su sombra como única guía. De nuevo recordamos: «Caminante, son tus huellas el camino y nada más». Pero aquí hay una especie de optimismo que falta en Machado. Aquí hay un guía, algo que marca el camino, y ese algo es el mismo poeta, su proyección: individualismo y personalismo: «mi sombra va delante como guía». Un hombre solo, pero que es guía de sí mismo en su caminar, y un universo volcado sobre él, observándolo. Hay también una comunicación con el universo que le rodea y observa. Un universo vivo, animado, *resonante*. El hombre siente en el alma el «resonar» de las estrellas. También él parece volcado hacia lo sideral y el mar, desprendido de la vida: ¿ascéticamente?, ¿escépticamente?: «y no *se cree* en nada de la vida». ¿Por qué esta despersonalización? Lógicamente, tras haber hablado de «mis pasos» y «mi sombra», esperaríamos «mi alma» y «no creo». Probablemente, el poeta quiere generalizar la vivencia, indicando que puede ser común a muchos otros. Las palabras siguientes, que son una especie de conclusión que el poeta saca de lo anterior, tienen también un carácter general: «la hora mejor para *una* muerte seria». No se trata de una muerte concreta sino de una posibilidad de morir, que él ejemplariza en ese momento, pero apta para cualquiera otro ser. El poeta piensa en la muerte como algo que puede adoptar diferentes aspectos y sus palabras revelan el deseo de adecuar la muerte a la vida. Su actitud ante la muerte es activa, quiere integrarla en un conjunto armónico con la vida. Por eso puede pensar de un momento que es «el mejor», y por ello puede ver lo serio o lo grotesco que rodea al hecho de la muerte. ¿Y qué es lo

que, para el poeta, hace una muerte seria? La ausencia
de ceremonias: «sin ataúd, ni canto, ni elegías».

Las frases «llega hasta el alma» y «no se cree en nada
de la vida» se presentan como circunstancias inherentes
a la situación y, por tanto, participables a otros seres,
no exclusivas del poeta, aunque él es quien las vive en
este momento. También la conclusión que se desprende
de las circunstancias anteriores tiene el mismo carácter
(«la hora mejor para una muerte seria»). Pero las cualidades que confieren a la muerte la categoría de «seria»
son notas individualizadoras. Para otra persona, hubieran
sido otras. Incluso el desprecio de las ceremonias permite
matices diferenciadores. La supresión de «cantos» y «elegías» me parece nota bastante común, pero no así la del
«ataúd». Ésta parece sugerir un horror a lo cerrado, una
especie de claustrofobia; quizá un deseo de fundirse con
la naturaleza de modo inmediato, sin el obstáculo de las
cuatro maderas; y, de alguna forma, también remite a la
idea de suicidio, de desaparición en el mar.

Después, el poeta vuelve a la expresión subjetiva y la
escena cobra de nuevo un valor simbólico.

> Voy en silencio por la oscura playa.
> La noche es otoñal... Nadie camina.

La escena puede ser real pero la suma de elementos que
la componen le confiere valor simbólico: silencio, oscuridad, noche, soledad, otoño. Un hombre solo caminando
en silencio por una playa oscura en una noche de otoño...

Aquí acaba la primera parte, la que simboliza la muerte
deseada, la muerte adecuada e idónea para un hombre
cuya vida es caminar solo por una playa desierta. Pero
frente a esta muerte hay otra, mucho más cercana, pro-

bable, real: la simbolizada por el cementerio. Está menos realzado este término que «la barca negra», pero ocupa, de todas formas, el final de verso. Hay una puntualización geográfica de carácter realista: «al fondo de la aldea», donde suelen estar los cementerios de lugares pequeños. También el cementerio está iluminado como la barca, pero más que luz lo que hay es el negativo de la luz: «sombra iluminada» le llama el poeta y lo compara a la mancha que vemos después de mirar al sol. Lo que se ve entonces es el mismo sol, pero oscurecido. El cementerio se presenta así a nuestros ojos como el negativo de algo deslumbrador; en términos simbólicos podríamos decir que es el negativo de la vida. El sol, cuando ya no se mira, se ve como una sombra que seguimos sintiendo luminosa; la vida, cuando ya no se vive, se ve como una «sombra iluminada».

Si antes, mediante el uso de expresiones impersonales («llega hasta el alma», «la hora mejor para una muerte seria»), el poeta implicaba al lector, ahora la implicación la va a lograr de forma mucho más directa, dirigiéndose a él mediante una serie de interrogaciones. En ellas va a realizar una enumeración de las circunstancias que rodean a la muerte habitual, de modo paralelo a lo que ha hecho con la muerte deseada.

En todas estas interrogaciones coexisten la observación realista y el subjetivismo deformador. En efecto, el poeta evoca la losa que ha de cubrir el sepulcro con las palabras que sirven de recordatorio; la lámpara que se enciende en la casa mientras el muerto permanece en ella; el último padrenuestro y, sobre todo —magníficos detalles de realismo cotidiano—, la pregunta tan típica de los pueblos: «¿de qué ha muerto?», y las conversaciones de las gentes que acuden en el día de los difuntos al cementerio y que inevitablemente recaen sobre la vida de los desaparecidos. Pero el disgusto que todo ello le produce se revela en los adjetivos con que acompaña a esos hechos: «*tenebrosa* luz», «*tardas* bocas», «*sentimentales* gentes». Su pregunta al lector es «¿no has meditado nunca...?». Parece suponer que la meditación sobre esos hechos ha de producir un sentimiento similar al que él experimenta.

De igual modo que, de las circunstancias que rodeaban a la barca negra, se sacaba una conclusión, el poeta enuncia ahora la que se desprende de las circunstancias de la muerte real. A él le parece una «danza grotesca» y le producen dolor. Mediante la interrogación busca un asenso de parte del lector: «¿No sientes el *dolor* de esta *grotesca / danza de reglamentos* que eterniza / nuestra memoria, y graba fuertemente / la huella que te importa dejar limpia?».

Pero hay algo en sus palabras que nos hace pensar que sus motivos son muy particulares. Creo que lo que le duele es el carácter reglamentario que tienen esos actos; el hecho de que sean siempre iguales para todos; el carácter uniforme que les roba la individualidad. Pero esto sucede con casi todos los actos importantes de nuestra vida: la ceremonia generaliza nuestra experiencia, nos sumerge en un ámbito comunitario; uniforma unos sentimientos que nosotros sentimos profundamente nuestros, únicos y diferentes. Pero esta inmersión en un ámbito más amplio no todos la viven como algo doloroso, que desvirtúa los actos personales, sino que, por el contrario, son muchos quienes la viven como algo que acaba de darles plenitud. Para poner un ejemplo muy común: infinidad de personas se sentirían frustradas si en su boda tuvieran que prescindir de todas las ceremonias que no son sustanciales al acto.

De todas formas, las palabras del poeta nos resultan equívocas. De una parte, todas esas circunstancias que rodearán a su muerte, a cualquier muerte, le parece que forman un espectáculo grotesco. Pero, por otra, la «grotesca danza» será precisamente lo que «eterniza nuestra memoria» y «graba fuertemente la huella que te importa dejar limpia». No se trata, pues, de que desvirtúe, o empañe, o desmerezca de alguna forma memoria y huella, sino que, por el contrario, las eterniza y graba. Parece como si el poeta lamentase que se alcance la pervivencia a través de algo que le parece grotesco.

Hay que señalar también los «inciertos pasos» (del párrafo anterior) que las «sentimentales gentes» renuevan: visión de su propia vida como algo inseguro, vacilante, quizá relacionable con «la huella que te importa dejar limpia». El deseo de pervivencia, de raíz unamuniana (Unamuno prologó su libro de poemas), lleva probablemente implícito el deseo de que perviva solamente nuestra mejor imagen, la más noble, la que «quisimos ser». La repetición de nuestros «inciertos pasos», es decir, de muchos sin sentido, desorientados, eterniza una memoria que no es la que quisiéramos dejar. En todo caso, hay que señalar la visión de la propia vida como «inciertos pasos» y el deseo de dejar una imagen «limpia» de sí mismo.

El silencio cierra esta segunda parte, igual que sucedió en la primera. Se han planteado dos posibilidades ante la muerte: la muerte personal, individual, sin ceremonias, sin más testigos que el infinito sideral y la naturaleza; y la muerte social, hecha costumbre, reglamentada, repetida. El poeta ha manifestado claramente sus preferencias

y ha implicado al lector en el debate entre las dos muertes.
Ahora, una nueva perspectiva se abre. Aparece un nuevo
personaje que ofrece al poeta una solución a la tensión
espiritual que se ha creado en él:

> ... y habla
> una tranquila voz en lejanía.

Voz inespecificada, de la que sólo se señala la nota de
tranquilidad y la lejanía. Hace suponer una agitación en
el espíritu del poeta, provocada por la meditación sobre
la muerte «cotidiana». La lejanía nos hace pensar en el
Más Allá, pero de una forma vaga, no circunscrita a un
ser concreto. Las palabras de la voz pretenden primero
devolver la tranquilidad al poeta:

> Aleja de tu espíritu ese albergue,
> que será para todos, algún día...

Parece darse por supuesto que el cementerio (y su correlato) es lo inevitable; será para todos y, por tanto, también
para él; pero recomienda alejarlo del pensamiento. Parece
una solución poco convincente. Pero es solamente la primera parte del mensaje, y está destinada a lograr una
serenidad espiritual: si la meditación sobre el cementerio
te turba —parece decir— olvídalo, tranquilízate, y entonces:

> evádete, en la noche, entre las sombras,
> y sé una parte de la noche misma.

Palabras equívocas que pueden interpretarse de dos formas, al menos. La palabra «evasión» sugiere huida de algo
que nos aprisiona. Puede tratarse de intentar una comu-
nión con la naturaleza («sé una parte de la noche») que

sirve de consuelo, de paliativo al dolor del destino «grotesco» que le espera. Pero también puede ser una incitación a evadirse de ese destino; el «albergue» será para todos, pero él tiene la posibilidad de escoger la otra alternativa: el momento mejor, mientras la turba sideral le espía y la barca negra «viene» hacia él, hacia la orilla. Creo, sin embargo, que la interpretación más acertada es la primera: el panteísmo, la unión con la naturaleza sirve de consuelo y permite que el espíritu se tranquilice mientras espera ese «algún día» inevitable.

Esta tercera parte, que, tanto desde el punto de vista de la estructura como del sentido, cierra el poema, al establecer un punto de vista nuevo y una tercera alternativa (evasión en la noche) a la dualidad barca - cementerio, nos parece un poco solución de compromiso. Resulta menos convincente que las otras dos. En la primera, el poeta consigue comunicarnos la vivencia de ese momento excepcional: la barca negra, acercándose; la naturaleza y el infinito volcados, expectantes, sobre un hombre que camina solo, por una playa desierta, sin más guía que su propia sombra proyectada hacia adelante. Y también en la segunda, el realismo de los detalles casi costumbristas nos hace evocar vivamente la muerte más común, la que muchos esperan. Y esta comunicación creo que no se logra en la tercera parte, con su difusa «voz» que habla desde la lejanía y propone una solución intermedia. Quizá no entendemos bien el sentido de esa evasión, o quizá sea la falta del simbolismo y del realismo que dio fuerza a las otras dos alternativas. De todas formas, esto es una apreciación personal y el poema queda ahí para futuras interpretaciones.

X

PEDRO SALINAS

¡Qué alegría vivir
sintiéndose vivido!
Rendirse
a la gran certidumbre, oscuramente,
de que otro ser, fuera de mí, muy lejos,
me está viviendo.
Que cuando los espejos, los espías
—azogues, almas cortas—, aseguran
que estoy aquí, yo, inmóvil,
con los ojos cerrados y los labios,
negándome al amor
de la luz, de la flor y de los nombres,
la verdad trasvisible es que camino
sin mis pasos, con otros,
allá lejos, y allí
estoy buscando flores, luces, hablo.
Que hay otro ser por el que miro el mundo
porque me está queriendo con sus ojos.
Que hay otra voz con la que digo cosas
no sospechadas por mi gran silencio;
y es que también me quiere con su voz.
La vida —¡qué transporte ya!—, ignorancia
de lo que son mis actos, que ella hace,
en que ella vive, doble, suya y mía.

> Y cuando ella me hable
> de un cielo oscuro, de un paisaje blanco,
> recordaré
> estrellas que no vi, que ella miraba,
> y nieve que nevaba allá en su cielo.
> Con la extraña delicia de acordarse
> de haber tocado lo que no toqué
> sino con esas manos que no alcanzo
> a coger con las mías, tan distantes.
> Y todo enajenado podrá el cuerpo
> descansar, quieto, muerto ya. Morirse
> en la alta confianza
> de que este vivir mío no era sólo
> mi vivir: era el nuestro. Y que me vive
> otro ser por detrás de la no muerte.

El poema puede dividirse en dos partes fundamentales. En la primera se canta la alegría que invade al poeta. La segunda parte, que comienza en el verso «La vida — ¡qué transporte ya!—, ignorancia...», viene a ser una reflexión sobre las consecuencias de lo expresado en la anterior.

En la primera parte, la expresión del sentimiento fundamental de alegría se desarrolla en cinco apartados, todos ellos dependientes por el sentido de la exclamación inicial, «¡qué alegría!».

Qué alegría
1 «Vivir sintiéndose vivido»
2 «Rendirse a la gran certidumbre...»
3 «Que cuando los espejos...»
4 «Que hay otro ser...»
5 «Que hay otra voz...».

Esos hechos (vivir, rendirse, hay otra voz...) son la causa de la alegría. La consecuencia de los hechos viene expresada, en la segunda parte, en tres apartados. Uno, referido al presente («La vida, ¡qué transporte *ya!*»); y dos, referidos al futuro («y *cuando* ella *me hable...*»; «y todo enajenado *podrá* el cuerpo...»).

Lo primero que el poeta expresa no es un hecho, es un sentimiento. En el comienzo absoluto del poema, una exclamación («¡qué alegría!») nos comunica un estado afectivo del poeta, desligado de su causa. Esta situación de privilegio no puede ser casual; revela que el interés del autor se concentra, no en los hechos acaecidos, sino en el resultado subjetivo de éstos. Está poseído por un sentimiento que salta a primer término, al empezar su comunicación. Después del desahogo subjetivo vendrá la exposición de las causas de ese sentimiento.

En realidad, hemos separado artificialmente la expresión del sentimiento, de sus causas, porque éstas vienen inmediatamente a continuación. Pero se trata de señalar la importancia de que sea la exclamación lo que ocupa el primerísimo lugar del poema.

La repartición de la frase («¡qué alegría vivir / sintiéndose vivido!») en dos versos parece obedecer a razones psicológicas. La causa de la alegría es sentirse vivido, pero también, y esto había que destacarlo de algún modo, alegría de vivir. El vivir propio se hace alegre como consecuencia de sentirse vivir. Rompiendo la frase y dejando el verbo «vivir» al final de verso (con su consiguiente acento rítmico y su pausa), se llama la atención sobre él. Así, las impresiones que el oyente recibe y que reproducen los sentimientos del poeta son:

1.º «qué alegría».
2.º «qué alegría vivir».
3.º «qué alegría vivir sintiéndose vivido».

Hemos de dar mucha importancia a las palabras colocadas al final de verso, sobre todo en los casos en que no vienen forzadas por la rima.

Lo mismo hay que decir de las palabras que constituyen, por sí solas, verso. Tal es el caso de «rendirse». La frase completa dice:

> Rendirse
> a la gran certidumbre, oscuramente,
> de que otro ser, fuera de mí, muy lejos,
> me está viviendo.

La palabra «rendirse» supone lucha previa. Nadie acepta de primera intención que otro ser nos «viva». La conciencia de los propios límites es tan clara como dolorosa. Aceptamos y comprendemos la soledad, pero no esa forma tan íntima de comunicación que es «sentirse vivido». El poeta, además, no ha querido entregarse a algo que podría ser un espejismo. Ha luchado hasta que ha tenido la «certidumbre» de ese hecho, y entonces se ha rendido a ella. Pero esa «gran certidumbre» (fijémonos en el adjetivo «gran», que subraya el carácter de seguridad que ofrece para el poeta) no la ha percibido de forma racional sino «oscuramente» (en final de verso, destacando su importancia).

Comprendemos que a vivencias de tal índole —sentirse vivido— no se llegue racionalmente sino de forma intuitiva, «oscura». La palabra «certidumbre», realzada por el adjetivo «gran», no deja lugar a dudas, sin embargo, del grado de seguridad con que el poeta la vive.

Constituyendo por sí misma un verso y al final de la oración, con lo que concentra sobre sí la atención mantenida en suspenso durante tres versos, está la frase clave de esta primera parte: «me está viviendo». La importancia de esta frase se evidencia por su posición y, además, por la presencia de los dos complementos circunstanciales que fijan el significado de la acción: «fuera de mí, muy lejos». Ya el sujeto «*otro* ser» llevaba implícita la duplicidad de personas. Pero el poeta ha querido dejar bien claro, desde el comienzo, que su vivencia no tiene nada que ver con la cercanía física.

Los tres apartados restantes de la primera parte empiezan todos por un *que*, que señala su vinculación a la frase inicial «qué alegría». Este deseo de señalar la vinculación hace que el primero de ellos lleve al comienzo una doble partícula: «que cuando». El autor ha preferido violentar un poco la sintaxis y conservar la armonía de la estructura. Si no quisiera mantener la vinculación sintáctica entre los cinco apartados, hubiera podido suprimir el *que* inicial sin que cambiara el sentido.

Todo el apartado tercero de la primera parte se organiza sobre la base de oposiciones entre términos antagónicos. Veámoslo en esquema:

Los espejos, los espías	la verdad transvisible
estoy	camino
aquí	allá lejos
negándome al amor de la luz, de la flor	buscando flores, luces
negándome al amor de los nombres	hablo

Analicemos ahora estos términos.

Espejos, espías se corresponde con azogues, almas cortas; es decir, espejos = azogues; espías = almas cortas. Pero también espejos = espías. Se establece una identidad entre ellos. Todos tienen una nota común que es lo que permite su identificación: son seres que reflejan la realidad más aparente y superficial. Frente a ellos se alza la verdad «transvisible», la que va más allá *(trans-)* de la realidad inmediata. Las «almas cortas», los espejos, incapaces de ver más allá de la apariencia, nos dan una imagen del poeta en la que queda de relieve su circunscripción a los propios límites, la limitación de su persona. En efecto, todo lo que de alguna manera contribuye a ponernos en comunicación con otros seres aparece negado: la traslación espacial (la forma más elemental de expandir nuestro campo de acción), la mirada y la palabra: «inmóvil», «con los ojos cerrados y los labios». La imagen que ofrecen los espejos es la de un ser reducido a la más completa soledad. Sus medios de comunicación con la naturaleza o con el hombre están «cerrados».

Hay que señalar, además, que, para el poeta, la comunicación es amor. Como está inmóvil y sus ojos y sus labios están cerrados, él está «negándose al amor de la luz, de la flor y de los nombres»; es decir, negándose a la comunicación con ellos. Creo que flor, luz y nombres representan tres modos de comunicación distinta: la que se establece por el contacto físico (flor = olor, tacto...), la que se establece con la mirada (luz) y con la palabra (nombres). La verdad transvisible nos dice que el poeta ha roto su inmovilidad y *busca* la comunicación en los tres dominios: «estoy buscando flores, luces, hablo».

Nos queda señalar, en este tercer apartado, la insistencia en una nota que ya apareció en los dos anteriores:

Camino *sin mis pasos, con otros* (equivalente a «vivir *sintiéndose vivido*» y «*otro ser, fuera de mí* muy lejos *me está viviendo*»). Este tercer apartado es una concreción del «sentirse vivir». Sentir que otro ser nos comunica con el mundo es un aspecto, un matiz del «sentirse vivido».

En los dos apartados siguientes se va a concretar todavía más la vivencia total.

Otra nota más es la insistencia en la lejanía. En el
anterior dijo: «muy lejos»; ahora, «allá lejos». Más adelante, hablando de las manos del ser amado, nos dirá:
«*tan distantes*». Parece que el poeta quiere subrayar la
lejanía física para poner de relieve la índole espiritual
de la vivencia.

Los dos apartados siguientes son concreciones de la
nueva forma de comunicarse con el mundo:

4.º «Que hay otro ser por el que miro el mundo
porque me está queriendo con sus ojos.

5.º Que hay otra voz con la que digo cosas
no sospechadas por mi gran silencio;
y es que también me quiere con su voz».

En estos versos se manifiesta por primera vez —y se
repite en ambos— la causa profunda del fenómeno que
el poeta experimenta: el amor. Pero fijémonos en que
este fenómeno, que tiene que ser recíproco, está *observado
desde el punto de vista del poeta:* porque otro ser le ama
es por lo que él puede comunicarse con el mundo. Podemos
decir que, según está contado, el otro ser ama y el poeta
disfruta las consecuencias de ese amor. El poeta tiene
aquí un papel pasivo, es el objeto paciente (habría que
decir «gozante») de las acciones del otro. Frente a tantos
poemas en los que la individualidad de la amada parece
que naufraga en el voluntarismo creador y transformador
del poeta («Perdóname el dolor, alguna vez. / Es que
quiero sacar / de ti tu mejor tú»), aquí nos encontramos
con que el transformado y enriquecido es él. Esto quedará
patente en la segunda parte.

Finalmente, hay que destacar en la primera parte la ausencia del nombre o pronombre que designa a la persona amada. Ésta aparece siempre bajo el título de «otro ser» (dos veces) u «otra voz». Sólo después de haber expresado que la causa de ese fenómeno es el amor, aparecerá repetidamente la palabra «ella» (cuatro veces en cinco versos). Parece como si el poeta quisiera que la atención se centrase sobre la naturaleza del fenómeno y no sobre sus protagonistas. En realidad, hasta que aparece el pronombre «ella» no queda patente el carácter erótico. Podría tratarse de una experiencia de tipo místico.

Los resultados de esta experiencia aparecen en la segunda parte. El poeta deja de insistir en que hay otro ser que lo vive y pasa a contar lo que se deriva de ese hecho:

> La vida —¡qué transporte ya!—, ignorancia
> de lo que son mis actos, que ella hace,
> en que ella vive, doble, suya y mía.

La vida se ha ensanchado, ha roto sus límites habituales, va más allá de lo inmediato y aparente (la «verdad *transvisible*» equivale a «¡qué *transporte*!»), se enriquece con una dimensión de misterio, se abre a lo desconocido. El poeta se regocija de la ignorancia (en final de verso) sobre sus actos —que ella hace—, acepta el misterio porque con esa aceptación —con la rendición a la gran certidumbre— enriquece su vida, ya que más tarde «recordará» esos mismos hechos que ahora ignora:

> ella vive, doble, suya y mía.

El punto de vista sigue siendo el del poeta. Ella vive doble, por los dos, y su vivir corresponde a ambos. Ella actúa y enriquece, ensanchándola, la vida del poeta. Creemos que el proceso inverso tiene que ser similar, es decir, que la vida de ella está enriquecida por los actos de él. Pero esto no se dice y las razones pueden ser dos, al menos. Una pura cuestión de perspectiva: el poeta habla desde su punto de vista y da por supuesto que el de ella es absolutamente similar. O bien, considera que el amor es algo que cada uno vive o siente de forma distinta. Él nos da su vivencia, lo que es para él el amor, pero no nos habla de ella, cuyas experiencias íntimas quizá sean diferentes. Muchas veces Salinas ha hablado de lo desconocido e inexplicable que es un amante para el otro («¡si *tú supieras* que ese / gran sollozo que estrechas / en tus brazos, que esa / lágrima que tú secas / besándola / vienen de ti, son tu / dolor de ti hecho lágrimas / mías, sollozos míos!»).

Incluso cuando se ha producido la gran identificación, los amantes siguen ignorándose mutuamente. Por eso otra vez dice: «Y te pregunto siempre».

No es de extrañar, pues, que, ante una situación tan excepcional, el poeta hable sólo de su propia experiencia ya que, aunque sería esperable que el fenómeno sea recíproco, él *sólo puede* hablar con absoluta «certidumbre» de lo que a él le sucede.

La vida del poeta se ensancha, merced al amor del otro ser, hacia el futuro, pero también hacia el pasado. Todo lo que ella ha vivido, será en él recuerdo:

> recordaré
> estrellas que no vi, que ella miraba
> ... ...
> Con la extraña delicia de *acordarse*
> de haber tocado lo que no toqué...

Notemos el prurito de claridad del poeta que no deja imágenes oscuras. Parece como si la dificultad, la extrañeza de la vivencia que comunica, le obligara a extremar la claridad. Así antes aclaró «los espejos, los espías / azogues, almas cortas». Ahora cuando habla de «un cielo oscuro y un paisaje blanco» enseguida nos hace ver cuál es su significado refiriéndose a estrellas y nieve. No se trata de símbolos sino de paisajes concretos. Quizá haya algún simbolismo en el contraste «cielo *oscuro*, paisaje *blanco*» (recordaré lo blanco y lo sombrío de la vida de ella. ¿Se puede pensar lo bueno y lo malo, lo alegre y lo triste?...), pero la interpretación simbólica no añade gran cosa a la significación. Sin embargo, si el significado es claro, la sugerencia de esas dos sencillas frases es difícilmente explicable. Como en tantos versos de Garcilaso, no sabemos en qué radica su encanto. Desde el punto de vista de la significación, aportan poco a la totalidad del poema. Pero son los versos más sugestivos de la composición. Quizá el cielo oscuro estrellado y el paisaje blanco están cargados para todo el mundo de recuerdos: la ilusión infantil de la nieve, el pasmo adolescente ante el infinito, la melancolía adulta, la soledad... Quizá el acierto del poeta consiste en nombrar algo que universalmente despierta ecos y en hacer sentir, por un momento, que la vida se ensancha, y se pueden recordar paisajes blancos y cielos estrellados que no hemos visto.

El poeta es consciente de la rareza de su vivencia y así habla de la «*extraña* delicia». También insiste, una vez más, en la lejanía, realzando el carácter espiritual que quedará patente en la última parte.

Con una conjunción coordinante —«Y»— se inicia la parte final. Estructuralmente, no podemos decir que cierre el poema como el último término de una enumeración, porque el apartado anterior tenía el mismo comienzo. La conjunción es, pues, sólo índice de vinculación a lo anterior, pero no de parte final. Sólo es final desde el punto de vista de la significación. En efecto, ahora llegamos a la conclusión definitiva: El cuerpo «enajenado», fuera de sí, superado en sus límites, podrá alcanzar el total descanso de la muerte, un descanso que nace de la confianza en la supervivencia. La muerte no existe porque la vida es doble. La muerte se hace así «no-muerte», y, más allá de ella, otro ser sigue viviendo la vida del poeta.

En la eterna contienda entre el amor y la muerte, Salinas, con «gran certidumbre» y «alta confianza», siente que, gracias al amor, el hombre puede sobrevivir: visión, en definitiva, optimista sobre la vida humana.

XI

JORGE GUILLÉN

Beato sillón

¡Beato sillón! La casa
corrobora su presencia
con la vaga intermitencia
de su invocación en masa
a la memoria. No pasa
nada. Los ojos no ven,
saben. El mundo está bien
hecho. El instante lo exalta
a marea, de tan alta,
de tan alta, sin vaivén.

No estamos acostumbrados a oír cantar la armonía del cosmos con una voz del siglo xx. Ésta es una de las fuentes de la extrañeza que producen las primeras ediciones de *Cántico*, cuyos poemas son, sin embargo, claros como teoremas matemáticos.

Los poemas de Guillén deben ser releídos lentamente, deben ser «descifrados», porque su dificultad estriba en que son el producto de un proceso de depuración y concentración expresivas. En Guillén no hay la gracia de un

Alberti o de García Lorca, que nos orienta de forma intuitiva hacia su mundo poético. Guillén pertenece a ese tipo de poetas que es necesario entender para poder disfrutar de él. Lo que sucede en Góngora respecto a la forma, sucede en Guillén respecto al contenido: cuando se entienden, resultan deslumbrantes de claridad. En Guillén nada sobra ni nada falta, pero para llegar a darse cuenta hay muchos sobreentendidos que suplir.

El profesor Blecua [1] nos da ocasión de observar cómo Guillén «hace» un poema. El poeta no tacha palabras; anota todas las posibilidades expresivas y después escoge: el resultado es una frase «condensada», en la que están compendiadas todas las frases previas que aludían imperfectamente a lo que el poeta quería expresar. Pongamos como ejemplo dos versos del poema *Plaza Mayor* cuyas sucesivas elaboraciones aparecen en el libro citado. Los versos «De un caos infuso dentro / de esta plena realidad» fueron construidos a partir de las siguientes posibilidades:

De lo (un) imposible en el quid
De la suma realidad

De lo imposible en el quid
De la Suma Realidad

26 de julio. 1942. Domingo - Mañana

De lo imposible en el quid
De esta suma realidad

29 septiembre. 1942. Martes - Mañana

De algún caos en el quid
De un caos, pero en el quid

---

[1] En su estudio preliminar a la edición del *Cántico 1936*, Barcelona, Labor (Textos Hispánicos Modernos), 1970, págs. 14-23.

De un caos, aun en el quid

De un caos, siempre en el quid

De algún caos, ya en el quid

, pero dentro

De este caos, en el quid

De un caos infuso al centro

30 de septiembre y 1 de octubre de 1942. Jueves - Mañana

De un caos infuso al centro
De esta suma realidad

10 agosto. 1944. Lunes - Tarde

Y de aquí ya la versión definitiva:

De un caos infuso dentro
De esta plena realidad

(Aire Nuestro, pág. 473).

Teniendo en cuenta esta condensación expresiva, pasamos a analizar uno de los poemas más característicos del Guillén de los primeros *Cánticos:* «¡Beato sillón!».

El análisis de esta clase de poemas ha de oscilar continuamente de la palabra y el verso a la totalidad del conjunto, porque, aunque cada palabra y cada verso contribuyen a crear un clima determinado, este mismo clima hace que las palabras, leídas por segunda vez, adquieran su pleno significado. Sólo cuando hemos comprendido, asimilado perfectamente la visión del mundo que encierra la frase «el mundo está bien hecho», las primeras palabras del poema, el «beato sillón», adquiere para nosotros su significado exacto, su total y definitivo sentido.

¡Beato sillón!

Estas palabras, por ahora, no nos dicen mucho. Un adjetivo horaciano aplicado a un objeto de la vida cotidiana, prosaico, burgués. Belleza que surge de la unión inesperada de dos palabras pertenecientes a mundos diferentes: surrealismo. (Lautréamont: «Belleza: el encuentro fortuito de una máquina de coser y un paraguas sobre la mesa de disección»). Es necesario seguir avanzando para que la beatitud sea algo más que un elemento estético por sorpresa.

> La casa
> Corrobora su presencia.

El sillón es ya algo real, no soñado, ni inventado por nosotros: la casa corrobora, da fe de su presencia; es algo que realmente existe. Hay seguridad en esa presencia corroborada. El sillón toma peso y contornos definidos ante esa afirmación. Se perfila aquí un mundo en el que las cosas *son*, tienen límites propios, precisos. Frente al mundo que se unifica y se licúa en un confuso «tatá-dadá» («el mundo todo una bola / y en ella papá, mamá, / el mar, las montañas, todo / hecho una bola confusa, / el mundo 'Tatá, dadá'»); frente a las caóticas mezclas de maniquíes de luto que agonizan sobre un nardo, de ángeles y basuras («Buscad, buscadlos; / en el insomnio de las cañerías olvidadas / en los cauces interrumpidos por el silencio de las basuras»...). Frente a ese mundo desintegrado, se alza la presencia corroborada de un sillón:

> Con la vaga intermitencia
> De su invocación en masa
> A la memoria.

No sólo tenemos la seguridad de su existencia, sino que ésta se nos hace patente por la armoniosa relación, por la trabazón del sillón con la casa. Presencia y relación se nos revelan al mismo tiempo. El sillón existe *en* la casa. Y la casa evoca esa presencia, no continuamente (que sería una forma de obsesión), sino «intermitentemente». Esta relación no se debe a ningún recuerdo concreto, a que el sillón esté relacionado con un suceso determinado. No; el sillón evoca la casa, y la casa, el sillón, de la misma forma que una cabeza hace recordar el cuerpo, y un cuerpo, la cabeza. No es, en sentido estricto, un recuerdo, sino una «invocación»: dos polos de un eje que, necesariamente, remiten el uno al otro. La magdalena de Proust rescata del olvido una gran parte de su vida infantil. El sillón de Guillén está refiriéndose a otro tipo de vivencia: la evocación de lo cotidiano, de lo no olvidado:

No pasa nada.

Ningún suceso rompe la monotonía de lo conocido y habitual. No hay siquiera, como en Proust, esa caída vertiginosa hacia atrás que es el recuerdo de lo olvidado. Aquí, todo está presente. No pasa nada. Hay sólo un sillón:

...Los ojos no ven,
saben.

Un sillón al que ni siquiera vemos, de tan conocido, de tan habitual. Sabemos de él, de su presencia, como sabemos de nuestros pies sin necesidad de mirarlos, como de algo que está ahí desde siempre. Sola la falta, la ausencia, el hueco, nos hace sentir como en un negativo la presencia. Precisamente porque no pasa nada, porque todo sigue igual, los ojos «saben». Si algo sucediera, si algo cambiase de lugar o desapareciese, sentiríamos la extrañeza: no sabríamos, y los ojos mirarían buscando la armonía desaparecida, el antiguo equilibrio roto.

Hasta este momento, lo que ha logrado Guillén es recrear un ambiente. Estamos en el polo opuesto al mundo del absurdo. Una comparación nos dará el contrapunto. Antoine Roquentin vive angustiosamente su relación con los objetos: la visión de un árbol que hunde sus raíces en la tierra, su propio rostro en un espejo, le llevan a una vivencia de asco existencial; nada tiene justificación, todo es gratuito, arbitrario, absurdo: y la náusea le invade. En Guillén, por el contrario, encontramos la vivencia de la armonía, de la plenitud, de la perfecta relación hombre-objeto. El sillón está armoniosamente unido a la casa; es distinto de ella, tiene una existencia propia, pero, al mismo tiempo, está íntimamente relacionado con ella, de tal modo que la casa lo evoca y exige su presencia para lograr ese equilibrio donde no pasa nada. El hombre es partícipe de esa armonía; sus ojos ya no miran, no escudriñan, desconcertados o medrosos, el espacio: saben; han asimilado esa relación y se incorporan a ella:

> ...El mundo está bien
> hecho.

Esa armonía vivida es manifestación y símbolo de una armonía total. Las cosas son lo que deben ser, ocupan su lugar, cumplen su misión. Ante ellas no cabe extrañeza, sino reconocimiento de su perfección.

Pero los poemas no se hacen con ideas, sino con palabras. No se trata de un razonamiento sobre la posible armonía del mundo. Aquí ha pasado algo. Algo tan sutil que, cuando el poeta quiere constatarlo, se da cuenta de que no es algo externo que se pueda contar, no es un

suceso; por eso dice «no pasa nada», porque el pasar
supone un cambio, un tránsito. Y lo que el poeta ha percibido no es eso, sino un perfecto equilibrio de fuerzas,
un *estado* en el que hombre y objetos están perfectamente
integrados. En suma, lo que percibe es que «el mundo
está bien hecho». Fijémonos bien en que dice «*está*».

El instante lo exalta.

Se trata de una aprehensión de lo presente. No se nos
dice «el mundo ha sido bien hecho». No se atiende al
proceso, sino a su culminación, al resultado, al momento
actual. El poema se ha originado de la percepción *momentánea* de la armonía de seres y objetos. El poeta analiza
la sensación experimentada, se hace a sí mismo perfectamente consciente de la clase de vivencia que ha tenido y
nos transmite, juntamente, la impresión primera y su
correlato conceptual. Y las dos cosas, reducidas a su
quinta esencia, a aquellos puntos básicos en los cuales
se apoya la vivencia: relación perfecta objeto-ambiente
(«la casa / corrobora su presencia»); relación perfecta
hombre-objeto-ambiente («los ojos no ven, / saben»);
concepción que lo convierte en símbolo o manifestación
de algo más amplio («el mundo está bien / hecho»);
carácter momentáneo de su intuición («el instante lo
exalta»).

A marea, de tan alta,
de tan alta, sin vaivén.

El poeta quiere hacernos *sentir* su intuición tal como
ha sido: un instante en el que la armonía se hace patente
ante nuestros ojos y se vive como una exaltación, como
una plenitud; una pleamar de la cual ya no se consideran
las oleadas sucesivas de sensaciones, sino el instante final,

último, de plenitud, de alta marea inmóvil, ya sin reflujos, ya sin vaivén.

Decíamos al comienzo que una de las causas de extrañeza que producen los poemas de Guillén es la visión del mundo que ofrecen. No es fácil compartir esta especie de éxtasis cósmico. A esta dificultad se une la parquedad de expresión, una economía de palabras que recuerda vagamente el enunciado de un problema, o las frases en clave de algún santo y seña: algo para iniciados. Sabemos que ese aspecto es la consecuencia de una larga labor de condensación, de selección. Si no acertamos a reconstruir el proceso creador, el poema se nos queda frío, aristado, duro; como un brillante: hermoso, pero lejano. Pero, si logramos seguir los pasos del poeta, su obra se llena del calor de la vida y sentimos con él, por un momento, la armonía del mundo.

XII

JORGE GUILLÉN

Las doce en el reloj

Dije: Todo ya pleno.
Un álamo vibró.
Las hojas plateadas
sonaron con amor.
Los verdes eran grises,
el amor era sol.
Entonces, mediodía,
un pájaro sumió
su cantar en el viento
con tal adoración
que se sintió cantada
bajo el viento la flor
crecida entre las mieses,
más altas. Era yo,
centro en aquel instante
de tanto alrededor,
quien lo veía todo
completo para un dios.
Dije: Todo, completo.
¡Las doce en el reloj!

Las doce en el reloj. Las dos agujas, rectas, en línea perfecta. Y en el reloj del espacio, el sol en su cénit, en el centro de la esfera. Todo perfecto. Las doce en el reloj simbolizan el mundo equilibrado, completo, de Jorge Guillén.

En el poema debemos distinguir varios momentos en la sucesión del tiempo. El pretérito indefinido, con su carácter puntual, tiende a eliminar la impresión de sucesión temporal. Sin embargo, unas acciones son posteriores a otras. Las palabras del poeta son posteriores a la vibración del álamo, al canto del pájaro; y estas acciones, a su vez, son como hitos, sacudimientos que rompieron el tranquilo discurrir existencial de los árboles, del sol, del mismo poeta...

Tres posturas distintas, por lo que respecta al tiempo, se pueden observar en el poema. Vienen expresadas por distintas formas temporales o por su ausencia.

El fondo del cuadro lo constituyen las acciones pasadas que se ven en su transcurso y que son expresadas por los imperfectos de indicativo: los verdes eran grises... el amor era sol... era yo...

Sobre ese fondo se individualizan y quedan fijados, como hechos momentáneos, unas acciones que se expresan mediante el indefinido: un álamo vibró, un pájaro sumió su cantar, se sintió cantada la flor.

Psicológicamente sentimos —y el análisis lo confirma— que «dije» es posterior en el tiempo a los otros indefinidos; expresa una acción que es consecuencia de las otras. Pero esta dependencia no viene expresada formalmente. Vistas desde el momento del que habla, las acciones se presentan como coetáneas: dije, vibró, sonaron, sumió... Incluso se podría pensar, en un primer momento, que la primera es anterior en el tiempo a las otras.

Finalmente, de las palabras del poeta se ha eliminado la noción de temporalidad: «todo ya pleno», «todo completo», «¡las doce en el reloj!». El tiempo implica imperfección. Lo perfecto es eterno, intemporal. El poeta expresa su vivencia mediante frases nominales. La atemporalidad de estas frases refuerza la impresión de plenitud. Expresan un proceso que ha llegado a su culminación. Cualquier forma temporal subrayaría el carácter momentáneo, transitorio, de ese estado. El poeta lo prolonga indefinidamente eliminando de ellas, en lo posible, la noción del tiempo.

Como muchas otras veces en Guillén, asistimos a una especie de revelación. En un momento dado, el poeta se siente el centro de un mundo completo. Pero no le basta con transmitirnos su vivencia, quiere reproducir la escena, los momentos que le llevaron a ella. Para esto, escoge los detalles más significativos del conjunto, reelabora sus impresiones para hacernos comprender que su intuición no es gratuita, que ha nacido de la percepción real de unos hechos.

El poema va encerrado entre las dos frases que expresan la respuesta vital del poeta ante el mundo que le rodea («dije: todo ya pleno»; «dije: todo completo»). En medio, se encuentra la narración del «suceso», aquello que el poeta nos cuenta para justificar sus palabras.

Teniendo en cuenta que en Guillén nada es superfluo, debemos incluir el título en la estructura del poema; haciéndolo así, tenemos que la narración de un suceso —versos 2 a 18— va enmarcada por cuatro elementos, agrupados de manera que constituyen un doble marco para la narración. El primer marco lo constituye el título y el verso final. Los dos tienen un mismo contenido y un idéntico carácter simbólico. Los diferencia el tono: enunciativo, neutro en el título; exclamativo, expresivo de la vivencia del poeta, el verso final. El segundo marco lo forman los versos 1 y 19, que presentan una forma casi idéntica (un verbo «dicendi» introduce el estilo directo), un contenido muy similar (la diferencia es el adverbio temporal del verso primero), y un tono diferente en sentido inverso al del marco anterior: allí era enunciativo - exclamativo y aquí es exclamativo - enunciativo.

El primer verso del poema comienza con una forma verbal —«dije»—, que sitúa la acción en el pasado y cuya relación con las otras formas temporales ya hemos comentado. A continuación, encontramos una frase que expresa de forma concentrada la visión del mundo del poeta:

Todo ya pleno.

Notemos, en primer lugar, que dos de las tres palabras implican la culminación de un proceso: «pleno» y «ya». Al poeta no le interesan los momentos anteriores, los que han ido «llenando» el universo hasta conducirlo a ese punto. Él percibe la cumbre final, el instante en que se ha alcanzado «ya» la plenitud. Esta plenitud comprende a «todo» el universo, del cual el poeta forma también parte.

Señalemos que dice «pleno» y no «perfecto». Nos movemos en unas dimensiones humanas dentro de las cuales se ha alcanzado un tope máximo. Es una exaltación de la realidad humana: *todo* se realiza plenamente. Por un instante, el mundo no es un devenir, un pasar hacia otra cosa, una aspiración o una decadencia: está lleno, completo en sí mismo.

Una vez expresada de forma global la revelación, el poeta quiere reproducir para nosotros los detalles de la escena en que se produjo:

Un álamo vibró.

Un álamo. Puede tratarse de una abstracción simplificadora. Ese único álamo representa a todos los otros, a la noción de Árbol. Al mismo tiempo, sugiere la situación de la escena en el campo, al aire libre. Pero también es posible que el poeta estuviera más cerca de ese álamo que de los otros, que fuera ése precisamente el que él sintió vibrar. La impresión de cercanía se refuerza en los versos siguientes cuando dice que las hojas «sonaron». Está, pues, tan cerca que no sólo ve la vibración sino que oye el sonido de las hojas. Es decir, puede ser el producto de una abstracción simplificadora, pero puede reproducir la impresión real del poeta.

La vibración del árbol está presentada como algo que le vivifica, que lo convierte en un ser animado. La no mención de la causa que le hace vibrar (el viento o la brisa, quizá) nos hace sentir el movimiento como originado en el mismo árbol, como algo interno: una vibración que surge de dentro, como un estremecimiento.

La abstracción crece en los versos siguientes: «Las hojas plateadas / sonaron con amor. / Los verdes eran grises, / el amor era sol». Todo ha sido reconstruido mentalmente. Los impresionistas descubrieron que el gris no existe en la naturaleza; las sombras son coloreadas, no grises ni negras. El único elemento que reproduce una intuición primaria de lo real es «plateadas»; en efecto, así se ven, realmente, las hojas de los álamos bajo el sol. Mentalmente, el color que mejor representa ese brillo plateado de las hojas, para alguien que no es pintor, es el gris. Pero hay más. Guillén *sabe* que las hojas son verdes, aunque bajo el sol parezcan de otro color que él califica de gris; por eso, con su gusto por la exactitud, aclara: «los verdes eran grises».

Una segunda construcción, más complicada todavía, hay en esos versos. La palabra «plateadas» no expresa solamente una impresión de color, sino también de materia. Esta última se refuerza al emplear el verbo «sonaron». Las hojas plateadas, metálicas, como campanillas, «sonaron». «Con amor». ¿Qué quiere decir con esta frase? Creo que pretende indicar una cualidad del sonido, pero no una cualidad objetiva, material, sino una cualidad mental, que se refiere más a la impresión que produjo en él —oyente— que a las características intrínsecas del sonido. Es algo agradable, armonioso, placentero. Indica una relación entre él y el árbol; él siente que suenan «con amor». En definitiva, tenemos que pensar que siente ese sonido como un símbolo de la relación armoniosa que le une a la naturaleza, en ese instante.

Pero Guillén quiere dejar las cosas claras. Entonces, igual que especifica que los verdes (reales) eran (percibidos por él como) grises, explica que el amor (la impresión que le produjo el sonido) era (producida por el) sol (que hacía parecer las hojas campanillas de plata). Estos hechos, que son el producto de una elaboración mental, van en imperfecto de indicativo. No expresan sucesos, momentos, como el vibrar, sonar..., sino remansos durativos; son, como ya dijimos, el fondo del cuadro (creado a posteriori por el artista) sobre el cual se dibujan y destacan unos cuantos hechos instantáneos.

Una vez localizada en el espacio, al aire libre, se especifica ahora la localización temporal de la escena: «Entonces, mediodía». Momento significativo. En él el sol alcanza su punto álgido en la esfera; es el centro del día (concepto importante el de «centro», que después veremos referido al poeta).

En este mundo pleno, *un* pájaro (de nuevo, abstracción o elemento real) «sume» su cantar en el viento. Mediante ese verbo, el poeta nos transmite la imagen de un mundo compacto, acuoso o sólido, en el cual el canto de un pájaro puede sumergirse, «sumirse». Si las hojas sonaron con amor, el pájaro canta «con adoración», con tal adoración que las flores, mejor dicho, la flor —y aquí sí que no cabe duda de la abstracción simplificadora—, crecida entre mieses que la ocultan, se siente cantada. La flor, tan pequeña, tan insignificante que sólo desde arriba se puede ver, que está oculta por las mieses «más altas» que ella, se siente partícipe en el amor, en la armonía general del cosmos.

Tras este último suceso (el cantar) viene la reconstrucción mental sobre su propia situación en el conjunto. Como en los casos anteriores en los que se refería a la naturaleza, va en imperfecto: «era yo, centro en aquel instante de tanto alrededor»... La reconstrucción permite esa concordancia perfecta entre los términos: el poeta es *centro* y todo lo demás, *alrededor*. La puntualización «en aquel instante» señala el carácter súbito, momentáneo, de la vivencia.

«Ser centro» es una circunstancia transitoria, accidental y afortunada. Gracias a esa circunstancia excepcional, el poeta puede disfrutar del espectáculo de la plenitud del mundo: «...veía todo / completo para un dios». Quizá le correspondió esa función de centro por ser el único ser capaz de comprender, de «ver» la plenitud del instante. Los demás seres (árbol, pájaro, flor...) participan de ella sin verla.

¿Confiere esa visión de la plenitud la categoría de «dios» a quien la ve? ¿En qué medida el poeta, que es centro y ve el universo completo, se convierte en el dios para el cual, precisamente, el mundo está completo? Creo que esa visión privilegiada «diviniza» (con minúscula, tal como él lo escribe) al poeta; es decir, eleva y exalta su condición humana al límite, le hace participar de ese modo de la plenitud general.

Es interesante que la vivencia necesite concretarse en palabras. Una vez experimentada, el poeta siente la necesidad de expresarla, de hacerla tangible mediante la palabra: «Dije: Todo ya pleno»; «Dije: Todo, completo». La vivencia sólo se realiza plenamente, definitivamente, por el acto de la palabra. Son esas palabras del poeta las que dan forma, las que configuran las sensaciones vividas.

Desde este punto de vista, el poema se nos aparece como un doble esfuerzo de creación literaria. En una primera instancia, más profunda, el poeta concreta para sí mismo la experiencia vivida («dije: Todo ya pleno»...). En una segunda elaboración, trata de reconstruir los elementos que le llevaron a esa formulación, para lograr hacer partícipes de ella a otros seres. En la segunda elaboración intervienen todos los recursos (selección, concentración, elipsis, etc., etc.) que hemos apuntado a lo largo del comentario; es decir, interviene el artificio del poeta.

XIII

VICENTE ALEIXANDRE

En la plaza

Hermoso es, hermosamente humilde y confiante, vivificador y
[profundo,
sentirse bajo el sol, entre los demás, impelido,
llevado, conducido, mezclado, rumorosamente arrastrado.

No es bueno
quedarse en la orilla
como el malecón o como el molusco que quiere calcáreamente
[imitar a la roca.
Sino que es puro y sereno arrasarse en la dicha
de fluir y perderse,
encontrándose en el movimiento con que el gran corazón de los
[hombres palpita extendido.

Como ese que vive ahí, ignoro en qué piso,
y le he visto bajar por unas escaleras
y adentrarse valientemente entre la multitud y perderse.
La gran masa pasaba. Pero era reconocible el diminuto corazón
[afluido.
Allí, ¿quién lo reconocería? Allí con esperanza, con resolución
[o con fe, con temeroso denuedo,

con silenciosa humildad, allí él también
transcurría.

Era una gran plaza abierta, y había olor de existencia.
Un olor a gran sol descubierto, a viento rizándolo,
un gran viento que sobre las cabezas pasaba su mano,
su gran mano que rozaba las frentes unidas y las reconfortaba.

Y era el serpear que se movía
como un único ser, no sé si desvalido, no sé si poderoso,
pero existente y perceptible, pero cubridor de la tierra.

Allí cada uno puede mirarse y puede alegrarse y puede reco-
                                                        [nocerse.
Cuando, en la tarde caldeada, solo en tu gabinete,
con los ojos extraños y la interrogación en la boca,
quisieras algo preguntar a tu imagen,

no te busques en el espejo,
en un extinto diálogo en que no te oyes.
Baja, baja despacio y búscate entre los otros.
Allí están todos, y tú entre ellos.
Oh, desnúdate y fúndete, y reconócete.

Entra despacio, como el bañista que, temeroso, con mucho
                                          [amor y recelo al agua,
introduce primero sus pies en la espuma,
y siente el agua subirle, y ya se atreve, y casi ya se decide.
Y ahora con el agua en la cintura todavía no se confía.
Pero él extiende sus brazos, abre al fin sus dos brazos y se
                                              [entrega completo.
Y allí fuerte se reconoce, y crece y se lanza,
y avanza y levanta espumas, y salta y confía,
y hiende y late en las aguas vivas, y canta, y es joven.

Así, entra con pies desnudos. Entra en el hervor, en la plaza.
Entra en el torrente que te reclama y allí sé tú mismo.
¡Oh pequeño corazón diminuto, corazón que quiere latir
para ser él también el unánime corazón que le alcanza!

La estructura del poema viene determinada por los distintos puntos de vista del narrador sobre la realidad. Está formada por planos sucesivos que van, en orden alternante, de lo abstracto a lo concreto, de lo general a lo particular, de lo universal a lo personal.

Comienza en un plano abstracto, universal, que comprende los nueve primeros versos («Hermoso es... no es bueno... es puro y sereno...»). Desciende a un plano concreto, particular, personal («ese que vive ahí»...). Vuelve a lo abstracto y general («era una gran plaza abierta... había olor de existencia») para ir descendiendo paulatinamente a través de lo general indefinido («allí cada uno puede...») hasta el plano personal, individual del tú («no te busques en el espejo... baja... desnúdate... sé tú mismo») que se prolonga hasta el antepenúltimo verso del poema. En los dos versos finales vuelve a cambiar la perspectiva del narrador, que pasa del diálogo directo y personal con un tú a una exclamación de carácter objetivo y universal («¡Oh pequeño corazón... corazón que quiere latir / para ser él también el unánime corazón que le alcanza!»).

Nos sorprende en el poema la perfecta adecuación entre las ideas y la forma de expresarlas. Si siempre el estilo es «expresivo», aquí lo es en tal grado que se destaca como la nota más característica. En efecto, la idea fundamental del poema: la necesidad del individuo de sumarse a la marea humana para así realizarse plenamente, es expresada mediante un estilo que podríamos llamar «de marea» o «de oleadas» y que reproduce de forma no conceptual la impresión de río, de corriente fluida que crece sin cesar, que nos es dada simultáneamente en el contenido.

Varios elementos contribuyen a producir la impresión de marea que hemos señalado: la alternancia irregular de versos muy largos y versos cortos, las reiteraciones, la abundancia de sinónimos, las comparaciones aclaratorias (que no añaden ningún elemento nuevo, sino que insisten en los ya conocidos), la multiplicidad de complementos o determinantes que añaden pequeños matices secundarios... Todo ello produce la impresión de un movimiento lento, de un avance apenas perceptible. A esto se añade que, de vez en cuando, se adelanta una nota, un pequeño matiz que sólo más adelante se desarrolla plenamente. Igual que en la subida real de la marea una ola se adelanta y avanza más lejos, dejando una huella que la totalidad del mar alcanza más tarde, así en el poema se adelanta un pequeño detalle que anuncia lo que va a suceder y la dirección general del movimiento.

La serie de elementos amplificadores que hemos enumerado y la lentitud del movimiento rítmico sugieren la impresión de una gran corriente majestuosa que, simultáneamente, nos es expresada de forma conceptual.

Algo sorprendente, desde el comienzo del poema, es el ritmo de salmodia de los primeros versos y su semejanza con los latines eclesiásticos. Observemos el parecido entre las palabras iniciales y la versión castellana del prefacio de la misa:

Hermoso es, hermosamente humilde y confiante, vivificador y
                                                          [profundo...
Vere dignum et iustum est, aequum et salutare...
Verdaderamente digno y justo es, equitativo y saludable...

Y, en ambos casos, sigue una construcción de infinitivo: «sentirse bajo el sol», en el poema; «darte gracias, Señor», en el prefacio.

La anteposición del predicado «hermoso» se siente extraña en castellano y le da el aspecto de traducción latina.

Posiblemente, esta inversión del orden habitual se debe al deseo de destacar la palabra, situándola en comienzo absoluto. Puede haber, además, una razón rítmica: este orden permite que se intercale una palabra nueva, de escaso volumen fónico, entre otras dos, fonética y semánticamente parecidas: «hermoso» y «hermosamente». Se produce así la impresión de oleadas sucesivas de significados, que comenté al comienzo:

hermoso	es	hermosamente
1.ª impresión	reflujo	refuerzo

Los tres primeros versos son, sintácticamente, una sola oración de veintidós palabras, longitud desusada en castellano, y que es expresiva, por sí sola, del ambiente, o, mejor, del ámbito de magnitud, de grandeza, en que se desarrollará el poema.

El predicado de la oración está constituido por cinco adjetivos: «hermoso», «humilde», «confiante», «vivificador», «profundo». El primero ha quedado realzado por el procedimiento de separarlo de los otros mediante el verbo, y unificar a los restantes bajo la dependencia del complemento de modo «hermosamente». De este modo, la belleza pasa a ser la cualidad más notoria, la común a las otras virtudes («hermosamente humilde, hermosamente confiante...») y la que acapara nuestra atención.

El sujeto del cual se predica la hermosura está también profusamente determinado: «sentirse bajo el sol», «entre los demás», «impelido», «llevado», «conducido», «mezclado», «rumorosamente arrastrado». Sólo los tres primeros complementos («bajo el sol», «entre los demás», «impelido») aportan notas nuevas al infinitivo «sentirse». Los demás expresan matices de los anteriores. «Mezclado» puntualiza el modo de estar «entre los demás»; «impelido», «llevado», «conducido», «arrastrado», expresan diferencias en cuanto al modo de la traslación. El último complemento («*rumorosamente* arrastrado») es la avanzadilla (la ola que se adelanta) de una idea que se desarrollará más tarde; en efecto, sugiere un movimiento acuático, de río o mar, que después será confirmado.

En esta primera parte del poema que estoy analizando, las ideas se desarrollan mediante el sistema de contraposición de términos. Se expone en primer lugar lo positivo (*es* hermoso), a continuación lo negativo (*no* es bueno), y, de nuevo, insistencia en lo positivo (sino que *es* puro...). Dentro de cada una de esas partes, los elementos también se contraponen. Veámoslo en esquema:

Positivo-dinámico	*Negativo-estático*	*Positivo-dinámico*
Es hermoso	*No es* bueno	*Es* puro
sentirse impelido	quedarse	fluir
llevado, conducido ...	imitar a la roca	perderse
arrastrado	en la orilla	en el movimiento.

Se oponen, por una parte, lo positivo y lo negativo (es - no es); y, de otra, lo estático y lo dinámico.

La impresión sugerida por «rumorosamente arrastrado» aparece ya reforzada por «orilla» y «fluir». Todo ello prepara el ambiente para la aparición de una imagen más compleja: el gran corazón de los hombres que palpita extendido. En esta imagen se hacen visibles, plásticas, las notas de fluencia, dinamismo y comunidad que el poeta nos había comunicado anteriormente.

Una palabra nos llama la atención: «arrasarse», que puede referirse a la necesidad de ponerse al mismo nivel que los otros, o de destruirse a sí mismo, fundiéndose en un corazón común.

Se pasa, a continuación, al plano de lo particular y personal, al ejemplo concreto. Se pasa de la esfera del «ser» a la del «vivir»; el lenguaje pierde un poco su empaque de salmodia y desciende hasta el vulgarismo de la expresión «*ése* que vive ahí» (demostrativo referido a personas). El espacio en que se desarrolla la acción toma también un aire más cotidiano: «piso», «escaleras»...

Una nota viene a enriquecer la imagen de «el gran corazón de los hombres». Es «el diminuto corazón afluido». Así, aquél se nos configura como fluyente, dinámico y formado por innumerables corazones diminutos que, esto es importante, no pierden su individualidad.

El doble carácter individual y comunitario del fenómeno es expresado mediante una contraposición:

...Pero *era reconocible* el diminuto corazón afluido.
Allí *¿quién le reconocería?* *Allí* con esperanza, con resolución
o con fe, con temeroso denuedo,
con silenciosa humildad, *allí* él también
transcurría.

La insistencia en la circunstancia (tres veces se repite «*allí*») parece indicar que no se trata de una transformación esencial, sino de situación. Es decir, el corazón es reconocible, pero *allí*, en medio de mil corazones semejantes, no tiene sentido hablar de reconocimiento; lo importante es el conjunto.

Esta unión sin pérdida de la individualidad está en la línea de las experiencias de los místicos españoles. No hay panteísmo; se consigue la integración sin perder la conciencia del propio yo.

La importancia que da el poeta al carácter dinámico se evidencia en la palabra «transcurría», que forma por sí sola un verso. En todo el poema, es la única que merece este tratamiento.

De nuevo, el poeta se eleva al plano de lo abstracto. El ambiente deja de ser el cotidiano (escaleras, piso), las sensaciones se pasan por el tamiz de la abstracción: «olor a existencia... a sol... a viento».

La magnificación de la escena se logra por la reiteración del adjetivo «gran»: gran plaza, gran sol, gran viento, gran mano.

El avance en oleadas, del que ya he hablado, tiene un claro ejemplo en estos versos; la reiteración produce el efecto de una vuelta atrás, seguida de nuevo impulso. Algo semejante al «leixa-pren» de las cantigas galaico-portuguesas:

> ...había *olor* de existencia.
> Un *olor* a gran sol descubierto, a *viento rizándolo*,
> un gran *viento* que sobre las cabezas pasaba *su mano*,
> su gran *mano* que...

El poeta insiste repetidamente en una serie de notas: la hermosura de la unión («hermoso, hermosamente»), el carácter dinámico («impelido, llevado... fluir y perderse... la gran masa pasaba... transcurría...»), el carácter unitario («el gran corazón, las frentes *unidas*... *único* ser») y plural («*las* frentes... *las cabezas*... allí *cada uno*»). Sin embargo, no le interesa una cualidad que, espontáneamente tendemos a atribuir a la masa: la fuerza. El poeta puntualiza, a este respecto: «no sé si desvalido, no sé si poderoso».

La expresión «sol descubierto», que probablemente significa 'sol sin nubes', debe de estar en relación con «plaza *abierta*» y con la repetición de «gran»: se trata de «abrir» los espacios para dar amplitud a la escena. La frase «viento rizándolo», tal como está expresada, va referida a sol: «un olor a gran sol descubierto, a viento rizándolo». Sin embargo, el sentido nos lleva a referirlo a las palabras siguientes, y lo que «vemos» rizado es la superficie de las cabezas y frentes unidas, no el sol.

Notemos también la reiteración de la conjunción adversativa: «*pero* existente y perceptible, *pero* cubridor de la tierra», que da independencia a los dos términos, enfrentando a cada uno de ellos por separado con la primera parte de la oración, la que dice «no sé si desvalido...». También, la reiteración de *puede*: «Allí cada uno *puede* mirarse y *puede* alegrarse y *puede* reconocerse», expresiva de la potencia que el hombre adquiere en la nueva situación.

Se inicia, aquí, una idea que va a desarrollarse ampliamente a continuación: la verdadera existencia es colectiva; sólo entre los demás se adquiere la conciencia del propio yo.

Esta idea la desarrollará el poeta en el plano subjetivo y personal del diálogo con un tú (que puede ser él mismo).

La expresión repetida: «baja, baja despacio» parece sugerir un descenso no sólo físico. Es, quizá, una exhortación a abandonar la «torre de marfil», a descender del pedestal en el que el poeta estaba situado. Históricamente, supone la transición de la poesía del 27 a la de la posguerra (años 1940-50).

Muy interesantes, en cuanto a la interpretación, son las frases siguientes:

> ...búscate entre los otros.
> Allí están todos, y tú entre ellos.

Se plantean varias posibilidades acerca de su sentido.

El hombre sólo existe *realmente* entre los demás. El que está «solo en tu gabinete» es únicamente una «imagen» del hombre, la que se refleja en el espejo (recordemos a Salinas: los espejos son espías, almas cortas y la verdad transvisible es muy diferente); imagen vacía que sólo inspira extrañeza y preguntas sin respuesta. Por eso, el hombre no debe buscarse en esa imagen («no te busques en el espejo»), sino entre los demás («búscate entre los otros»).

Pero también es posible que en cada hombre haya varios yos diferentes (recordemos a Unamuno), y, junto a nuestro yo cotidiano, reflejado en el espejo, que no nos satisface y que no comprendemos, haya otro yo que es necesario «buscar» y «reconocer», despojándonos para ello de nuestras costumbres y nuestros límites («búscate... desnúdate... fúndete... reconócete»). Estas palabras indican los puntos fundamentales del proceso: la búsqueda, la purificación (para Aleixandre el desnudo es el símbolo de lo puro), la fusión con los otros y la conciencia de la plenitud: reconocerse a sí mismo en los demás. Esta unión de lo individual con lo total es la existencia plena, la única que merece tal nombre, para el poeta.

Viene a continuación una bellísima comparación que da forma plástica a estas ideas. El ritmo de las frases y la disposición de las palabras expresan, por sí solos, los movimientos del personaje, podríamos decir que los «imitan». En la primera parte de la comparación, la escasez de verbos y la multiplicidad de complementos hacen lenta la acción y reproducen la lentitud del bañista, «temeroso», que «despacio» se va adentrando en el mar.

El momento anterior a la decisión viene expresado por tres oraciones cortas, unidas por conjunciones copulativas, que parecen indicar los empujes sucesivos de su

voluntad de echarse a nadar: «y siente el agua subirle,
y ya se atreve, y casi ya se decide». Estos impulsos se
frenan en la frase siguiente, con los complementos ante-
puestos y su verbo al final: se rompe el ritmo; el bañista
se ha detenido: «y ahora con el agua en la cintura todavía
no se confía». El verso siguiente, larguísimo, parece reproducir el amplio movimiento de apertura de ambos brazos:
«Pero él extiende sus brazos, abre al fin sus dos brazos
y se entrega completo».

A partir de aquí veremos un clímax ascendente en que
la pluralidad de verbos y conjunciones reproduce el ritmo
cada vez más rápido del movimiento, para culminar en
una apoteosis de placer y alegría:

> Y allí fuerte se reconoce, y crece y se lanza,
> y avanza y levanta espumas, y salta y confía,
> y hiende y late en las aguas vivas, y canta, y es joven.

Obsérvese cómo la mezcla de verbos que significan
procesos físicos y psíquicos contribuye a crear una impresión de total alegría. Las «aguas vivas» marcan la transición del mar real de la comparación al mar de la imagen
poética.

Nótese también el gran desarrollo del primer término
de la comparación y la brevedad del segundo: ...«como
el bañista... así...»:

> Así, entra con pies desnudos. Entra en el hervor, en la plaza.
> Entra en el torrente que te reclama y allí sé tú mismo.

Destaca por su expresividad la palabra «hervor», que
parece señalar el proceso de «fusión» de los corazones en
el gran corazón.

Por primera vez, vemos aquí el punto de vista de «los
otros», del segundo y fundamental elemento del proceso,

y comprobamos que la necesidad de la unión es mutua: la totalidad busca al individuo, o más fuerte, lo «reclama» («el torrente que te reclama»), y el individuo sólo en ella se realiza plenamente.

El poema acaba con una exclamación que se aparta del diálogo directo para incidir de nuevo en lo universal. En ella aparecen, condensados, los elementos más importantes de todo el poema: el corazón diminuto, el unánime corazón y el movimiento mutuo de acercamiento:

¡Oh pequeño corazón diminuto, corazón que quiere latir para ser él también el unánime corazón que le alcanza!

El poema, aparte de la experiencia personal que supone, es plenamente representativo de la corriente poética de los años cincuenta. En esós años, el mismo Aleixandre decía: «poesía es comunicación».

XIV

RAFAEL ALBERTI

Se equivocó la paloma.
Se equivocaba.
Por ir al norte, fue al sur.
Creyó que el trigo era agua.
Se equivocaba.
Creyó que el mar era el cielo;
que la noche, la mañana.
Se equivocaba.
Que las estrellas, rocío;
que la calor, la nevada.
Se equivocaba.
Que tu falda era tu blusa;
que tu corazón, su casa.
Se equivocaba.
(Ella se durmió en la orilla.
Tú, en la cumbre de una rama.) [1]

Casi todo el mundo guarda en su memoria un caudal de versos entrañables. No de poemas completos, sino de versos sueltos, fragmentarios, que a veces afloran espontáneamente a la conciencia o que se evocan voluntariamente, según la ocasión lo requiere. De muchos de esos

---

[1] Se ha publicado este comentario en el volumen colectivo *El comentario de texto* (Madrid, ed. Castalia, col. Literatura y Sociedad, 1973).

versos conocemos la razón por la que los recordamos, sabemos cuál es la carga emocional que les ha hecho grabarse en nuestra memoria; de otros, no. Sentimos oscuramente que aquel verso nos emociona, pero no sabemos a ciencia cierta por qué.

Muchas veces se suele atribuir esa emoción inexplicable a la pura «gracia poética» (que es no decir nada), o a la «musicalidad». En realidad, se puede afirmar, casi sin excepción, que en esos versos subyace una idea que, si estuviese expresada «lógicamente», también nos conmovería. Es decir, consciente o inconscientemente, *todo verso nos remite a algo que puede ser reducido a ideas*. Con esto quiero decir que el verso no es sólo una idea, ni siquiera una idea transformada, pero sí que la impresión, la sensación o el sentimiento comunicado, pueden ser reducidos a ideas. Y es justamente esta reducción la que nos permite comprender por qué nos emociona.

Los dos primeros versos del poema de Alberti nos van a servir para ilustrar nuestra idea. A primera vista, la alternancia «equivocó - equivocaba» nos hace pensar en un juego de palabras del estilo de «arbolé - arbolé», distrayéndonos del verdadero significado de esas palabras. Pero si prescindimos de momento de la musicalidad y de la gracia (ya nos fijaremos después), advertimos que esos versos hacen alusión a una de las más horribles catástrofes que pueden suceder a la humanidad: la destrucción del instinto. Analicemos detenidamente el primer verso: «Se equivocó la paloma».

En primer lugar, la paloma, como cualquier otro animal, no puede «equivocarse», porque «equivocarse» supone hacer proyectos o prever la finalidad de la acción, cualidades propias del ser humano. El animal actúa movido por el instinto, por un impulso innato, que tiende a la conservación de la especie y cuya finalidad le transciende. Por tanto, el animal no se equivoca... excepto en circunstancias tales que destruyan el orden natural. Por ejemplo: en unas islas del Pacífico que recibieron gran cantidad de radiaciones atómicas a causa de las pruebas nucleares, las tortugas marinas perdieron el sentido de la orientación y, tras la puesta de huevos, en vez de regresar al mar se internaban cada vez más en los desiertos del interior de las islas, persistiendo en su empeño hasta morir. Estas escenas fueron filmadas por Gualterio Jacoppetti e integradas en la película «Mondo Cane»; nada más impresionante que ver a aquellos torpes animales avanzando penosamente a través de las arenas, inexorablemente empujadas por su instinto a seguir adelante por un camino *equivocado*. Pues bien, «se equivocó la paloma» *está aludiendo* a este tipo de realidad: a la destrucción de las leyes naturales, al error del instinto, a la equivocación de lo que no debe equivocarse jamás, so pena de caer en el caos y en el desorden absoluto.

La alternancia «equivocó - equivocaba» tiene otra justificación que la pura musicalidad: se trata de presentar, en un primer momento, el hecho catastrófico como algo ya acaecido y considerado en su totalidad; para ello se emplea el indefinido, tiempo «puntual», que presenta la acción resumida en un punto de su existencia. Después se atenderá al proceso, al desarrollo de ese hecho; para lo cual se emplea el imperfecto, tiempo «durativo», que presenta la acción en su transcurso, como no acabada.

Falta por justificar la elección de «la paloma» como protagonista del drama. No parece muy difícil. La tradición de la paloma como símbolo de pureza, de candidez, de paz, es antigua (piénsese en la paloma y el Espíritu Santo, la paloma y la rama de olivo...). Incluso popularmente la paloma es esencialmente el 'animal que no tiene hiel'; es decir, por uno u otro camino nos encontramos con una visión de la paloma como animal puro, candoroso, dulce... Si lo comparamos con el cocodrilo o la araña, comprendemos que es más triste que se «equivoque» la paloma (aunque, en el fondo, la tragedia sería la misma).

La estructura del poema es de tipo reiterativo y cerrada. Vamos a copiar de nuevo el poema para explicarlo:

A | Se equivocó la paloma.   —   a
    | Se equivocaba.   —   r

B
    | Por ir al norte, fue al sur.   )   T
    | Creyó que el trigo era agua.   }   a₁ <
    | Se equivocaba ... ... r   P

    | Creyó que el mar era el cielo;)   P
    | que la noche, la mañana.   }   a₁ <
    | Se equivocaba ... ... r   T

    | Que las estrellas, rocío;   )   P
    | que la calor, la nevada.   }   a₁ <
    | Se equivocaba ... ... r   T

    | Que tu falda era tu blusa;   )   P
    | que tu corazón, su casa.   }   a₁ <
    | Se equivocaba ... ... r   T

C | (Ella se durmió en la orilla.
    | Tú, en la cumbre de una rama.)

Se pueden distinguir tres partes. La primera la constituyen los dos versos iniciales, introductores del tema principal. Podemos llamarle elemento A; consta del tema principal «a» («se equivocó»), más su reiteración («se equivocaba»). En fórmula se representa así:

$$A = a + r.$$

La segunda parte, a la que designamos por la letra B, se subdivide, a su vez, en cuatro partes de estructura idéntica. Cada una de ellas consta de tres elementos: un error total y un error parcial (que designamos con las letras T y P), que son desarrollo del tema principal. A ellos se une un tercer elemento que ya conocemos: la reiteración r.

La tercera parte funciona como conclusión; introduce un elemento nuevo que llamamos C y rompe la secuencia creada por la alternancia de los elementos P y T en la segunda parte.

En fórmula, podemos representar la estructura así:

$$A \Big\langle{}^a_r \quad - \quad B \Big\langle{}^{desarrollo\ de\ A\ =\ a_1 <{}^P_T}_r \quad - \quad C$$

O, lo que es igual:

$$A (a + r) + B4 [a_1 (P + T) + r] + C.$$

En las cuatro estrofas que constituyen la segunda parte del poema se nos indican cuáles son los errores que cometió la paloma. Analicemos las tres primeras, dejando la última, que presenta más dificultades. Los errores que aparecen reseñados son de dos clases: unos, totales, incomprensibles, muestra de esa destrucción del instinto de que ya hablé. Son los siguientes: «Por ir al norte fue al sur»; «(creyó) que la noche (era) la mañana»; «(creyó) que la calor (era) la nevada». Aquí, se confunden términos inconfundibles, se cae en el caos. Otros errores, sin embargo, no son de esta clase; podríamos decir que son errores «parciales» o «poéticos»: «Creyó que el trigo era el agua» se trata de un error, pero un error perfectamente comprensible: el trigo movido por el viento «parece» agua. Lo que «parece» algo se puede tomar por ese algo; sólo se necesita una buena dosis de credulidad (y la paloma parece un animal poco propenso a la suspicacia). Del mismo tipo son las equivocaciones «Creyó que el mar era el cielo», «que las estrellas, rocío». Son errores que se comprenden fácilmente. Les llamaremos «errores parciales». En los errores parciales se trata de confundir dos cosas que se parecen: trigo y agua, mar y cielo, estrellas y rocío. En los errores totales, se confunde una cosa con su contraria, contra toda lógica y toda naturaleza: el norte con el sur, la calor con la nevada, la noche con la mañana.

Debemos advertir que, en cada una de estas tres estrofas, alternan un error total y uno parcial. En la cuarta se nos plantean varios problemas. Aparece un elemento nuevo: una persona a la cual se está dirigiendo el poeta y respecto a la cual la paloma ha cometido dos errores. Los problemas que se plantean son los siguientes:

—Papel que representa el tú a quien están dedicadas esas palabras.
—Relación entre ese tú y la paloma.
—Nuevo sentido que toma la paloma.
—De qué clase son los errores cometidos.

La gran popularidad alcanzada por este poema, meced a la inclusión en el repertorio de un conocido cantante catalán, y la generalizada interpretación política que se le da nos lleva a plantearnos la posibilidad de esta interpretación.

El poema está publicado en 1941. Esa paloma trágicamente equivocada puede ser España; la paloma, dormida tras la catástrofe, puede ser la patria vista desde el exilio.

Pero, examinando de cerca el poema, no encajan los elementos de esta interpretación. Tenemos, en primer lugar, un símbolo de carácter femenino, representado por la falda, la blusa y el corazón. Si la paloma es la Patria, ¿quién es esa «ella» portadora de blusa y falda?

Cabe otra interpretación, también política. La paloma es el poeta y «ella» es la Patria, representada bajo el símbolo de una mujer. Pero ¿se consideraría Alberti «equivocado» en su actuación? Y, aun interpretando que equivocación quiere decir esperanzas frustradas, ¿consideraría Alberti una equivocación tomar el corazón de España por su casa? Alberti podrá considerarse exiliado de España, alejado de su superficie material, pero, ¿de su corazón? Creo que no.

Vamos a intentar otra interpretación distinta.

Es evidente que el papel del tú es fundamental, ya que no sólo es la culminación de las otras tres estrofas sino que cierra el poema. Hay, además, una razón, ya no estructural sino semántica: en relación con un tú que es mujer (tu falda, tu blusa), la paloma adquiere su definitivo significado de símbolo o representación del propio poeta. Pero hay más, hasta ahora hemos visto que siempre se ha repetido un error total y uno parcial, y teníamos elementos objetivos para poder atribuirles ese carácter. En estos versos, ¿cuál será el error total: confundir la falda con la blusa o el corazón con la casa? En realidad, aquí se funden los dos tipos de errores. Nosotros desconocemos al tú portador de la blusa, la falda y el corazón, de manera que carecemos de elementos objetivos de juicio; por eso, confundir el corazón de alguien con la propia casa nos parece un *error comprensible* por una parte (cuando se comete este error la experiencia nos recuerda que siempre sobran razones), y *total* por otra, si atendemos a la conducta errada del que ya antes ha confundido el norte con el sur, la noche con la mañana... Este último error del que se nos habla se convierte, así, en el resumen de todos los otros, ya que puede ser *total y parcial*, según se le mire.

Al decir que la paloma es un símbolo que representa al poeta y que el error fundamental es creer que un corazón era su casa, estamos inclinándonos definitivamente por la interpretación erótica. ¿Invalida esto lo que hemos dicho de la destrucción del instinto? En absoluto. Para analizar hay que reconstruir el orden de nuestras impresiones, y la primera impresión recibida es la de destrucción de la ley natural. Cuando esta impresión se integra en un contexto más amplio, no pierde validez y sigue matizando con su carácter a todo el conjunto, a la vez que se enriquece con nuevas notas.

La última impresión recibida es el error de creer que un corazón era su casa. El amor, el impulso que lleva a la paloma hacia un corazón, es de la misma índole, tiene el mismo carácter que el impulso que la guía en sus migraciones, tiene la misma raíz orgánica y vital que su vista, que su sentido del tacto; y, como ellos, está equivocado. Pero la paloma es el poeta. Decíamos al comienzo que la paloma no puede equivocarse, y que la impresión de los primeros versos era la sensación de tragedia ante la destrucción de algo tan natural y necesario como el instinto. Pero mucho más terrible sería la conciencia de esa equivocación: que la paloma se diese cuenta de que se equivocaba. Justamente lo que ha sucedido aquí. El hombre puede sentir el amor como una fuerza ciega, como algo tan evidente, tan cierto, tan seguro, tan orgánico, tan vital como sus propios sentidos, como sabe la paloma su rumbo y la tortuga el camino del mar. Pero no sólo se puede equivocar la paloma, no sólo la tortuga puede adentrarse más y más en el desierto; el hombre, además, puede darse cuenta de que se ha equivocado, de que un error puede ser a un tiempo total y parcial, de que lo que no debe suceder, sucede.

¿Qué pasa después? Nada. Se ha destruido lo indestructible, o, mejor, lo que no debería destruirse. Queda sólo un vacío, un cansancio: la paloma se duerme. Y en ese mundo donde se han quebrado las leyes más entrañables ya no extraña que la mujer ocupe el lugar que debía ser de la paloma: «la cumbre de una rama».

El poema comienza con un «se equivocó» que situaba la acción como un hecho pasado y puntual. Termina con un «se durmió». Dos hechos evocados en un punto; en medio, un dramático paréntesis, dominado por el matiz del imperfecto (cinco, frente a dos «creyó»), que, cada vez que se reitera, aumenta la intensidad de ese sentimiento de destrucción.

Contrariamente al ejemplo que hemos puesto al comienzo (destrucción del instinto de conservación por error del sentido de orientación), el error del «instinto» amoroso humano es algo cotidiano (aunque no por ello menos trágico). Por eso, el poema no termina con la evocación de un hecho trágico definitivo (digamos, para entendernos, con la muerte de la paloma). No; tiene que suceder algo cotidiano, que refleje el carácter de cotidianidad que tiene la tragedia del amor humano: por eso, la paloma se duerme (es el cansancio) en la orilla: en el borde desconocido de otro país o de otro tiempo, de cualquier mar que volverá a creer cielo...

XV

LUIS CERNUDA

Unos cuerpos son como flores

Unos cuerpos son como flores,
otros como puñales,
otros como cintas de agua;
pero todos, temprano o tarde,
serán quemaduras que en otro cuerpo se agranden,
convirtiendo por virtud del fuego a una piedra en un hombre.

Pero el hombre se agita en todas direcciones,
sueña con libertades, compite con el viento,
hasta que un día la quemadura se borra,
volviendo a ser piedra en el camino de nadie.

Yo, que no soy piedra, sino camino
que cruzan al pasar los pies desnudos,
muero de amor por todos ellos;
les doy mi cuerpo para que lo pisen,
aunque les lleve a una ambición o a una nube,
sin que ninguno comprenda
que ambiciones o nubes
no valen un amor que se entrega.

El poema está dividido en tres partes, desde el punto de vista del sujeto. La primera se refiere a «los otros» («unos... otros... todos»). La segunda, al hombre, considerado en abstracto («el hombre se agita... sueña...»). La tercera tiene como sujeto el propio yo del poeta. Esta parte final, desde el punto de vista del significado, cierra el poema, ya que ofrece una nueva perspectiva a la dualidad creada por las dos partes anteriores, según podemos ver al avanzar el análisis.

Señalaré, en primer lugar, la aparición de la palabra «cuerpo»: «unos cuerpos son»... Palabra habitual en Cernuda, lo mismo que «adolescente», y cuya motivación creo que obedece a razones más profundas que la indeterminación sexual del sustantivo. El cuerpo nos sitúa en un plano de *inmediatez*, de *realidad cercana y tangible*. Se repite varias veces: «*cuerpos*... que en otro *cuerpo* se agranden... les doy mi *cuerpo*». Deseo, por tanto, de dejar al margen la otra realidad menos inmediata y tangible. La importancia de esta presencia de los cuerpos sólo se puede comprender si lo comparamos a concepciones antagónicas. Si pensamos en el intelectualismo espiritualista de un Lawrence Durrell, por ejemplo, en la extraña relación que se establece entre el narrador, Darley, y Justine (en la novela de este título), comprenderemos mejor la concepción de las relaciones humanas en Cernuda. Cuerpo-mente (espíritu) van siempre implicados, pero Cernuda se sitúa voluntariamente en el polo del cuerpo, de lo más directamente aprehensible. Durrell se pierde, casi, en las complicadas maniobras del espíritu.

Cernuda parece que quiere dejar de manifiesto que es el cuerpo el que sufre, el que goza; en definitiva, el que ama.

Los cuerpos (los hombres) se diferencian entre sí. Unos son como flores: suaves, frágiles, producen placer. Otros, como puñales: duros, agresivos, crueles; producen dolor. Otros, «como cintas de agua»... Nos encontramos aquí con la primera imagen del poema cuyo contenido sólo es plenamente significativo para el autor. ¿Qué significa «cintas de agua»? Sólo a la luz de la poesía de Cernuda podemos aventurar una respuesta. En principio, «cintas de agua» sugiere algo fluyente, agradable, refrescante. Hay que recordar la importancia del agua para Cernuda: mar, ríos y agua indeterminada, sin precisar de qué lugar («veía sentado junto al agua»... «veía las hojas, los días, los semblantes»... «Al lado de las aguas está, como leyenda»). «Cintas de agua» deben de ser esos cuerpos que no producen placer (flores) ni dolor (puñales), sino que se desvanecen al intentar atraparlos; *se les puede tocar, pero no retener;* quizá la más perfecta imagen del amor para Cernuda.

Importantísima, en esta primera parte, es la dualidad de tiempos verbales «son - serán» y la partícula adversativa con que se inicia el cuarto verso. Mediante ellas, el poeta nos está indicando que la importancia del presente es relativa: los cuerpos *son* una cosa *pero serán* otra. Además de la transformación que se da como segura, la partícula adversativa nos hace ver que lo importante es el futuro; el «pero» se opone a lo anterior, disminuye su importancia intrínseca para poner de relieve su fundamental identidad futura: los cuerpos *son* distintos pero todos *serán* idénticos: quemaduras en otro cuerpo.

Varias cosas es necesario comentar sobre esto. En primer lugar la palabra «quemaduras». La relación humana se concibe como un contacto doloroso similar al que produce el fuego. Y, «por virtud del fuego», del contacto doloroso, el hombre alcanza su existencia: antes era piedra. Para ser hombre es necesario sentir la quemadura de los cuerpos. Si no se sufre ese dolor, no se es hombre. (Otras veces nos dirá: «Si no te conozco, no he vivido; / si muero sin conocerte, no muero, porque no he vivido»). Partiendo de este carácter vivificador del contacto humano comprendemos la universalidad de esa relación: «todos serán...». No hay relación: *todos*, en un momento dado, serán dolor y vida en otros cuerpos. Todo cuerpo tiene la potestad de convertir, por su contacto, a un ser inanimado en un hombre. Pero no sólo tiene esa potestad, sino que, además, la ejerce. Hay un cierto pan-erotismo en esta concepción de la vida; no hay seres excluidos del dolor y la grandeza de entregarse a otro, para así realizarse ambos plenamente. Me resisto a usar la palabra amor porque, hasta ahora, el poeta no la ha empleado y porque las connotaciones de esta palabra pueden distraer del significado fundamental de estos versos, que creo estriba en la relación entre *cuerpos*. Relación profunda por sus consecuencias, ya que sólo mediante ella el hombre se hace hombre. El carácter transformador de este contacto creo que viene indicado por el verbo de la frase: «serán quemaduras que en otro cuerpo *se agranden*». El agrandarse indica el carácter total que adquiere el dolor: se agranda en el otro cuerpo, lo invade, para, así, transformarlo.

La segunda parte comienza con otro *pero* que reduce de nuevo la importancia de lo anterior, señalando una transformación futura. De igual modo que no importaba demasiado la diferencia entre los cuerpos, porque todos se convertirían en quemaduras, ahora parece disminuir la importancia de la transformación piedra - hombre mediante el «pero», que da paso a la historia posterior del transformado. En efecto, si esa transformación nos parecía

algo definitivo, nos equivocamos: «un día la quemadura
se borra». De dos formas diferentes y casi opuestas podemos interpretar estos versos: «Pero el hombre se agita
en todas direcciones, / sueña con libertades, compite con
el viento, / hasta que un día la quemadura se borra...».

Primera: Mientras dura el ardor de la quemadura, el
hombre es capaz de agitarse, soñar, competir.

Segunda: El hombre se agita, sueña, compite... se
entrega a distintas actividades, no vive sólo para su quemadura y ésta, un día, se borra.

Aunque la primera es más sencilla, creo que es más
exacta la segunda. El «pero» indica que las acciones signi-
ficadas por los verbos son lo que se opone a la definitiva
transformación de la piedra en hombre. La piedra se convierte en hombre, pero el hombre se agita, sueña, compite
y, sin que se diga explícitamente, esas acciones y la correspondiente desatención a la fuente de la actividad, a la
quemadura, provoca el agotamiento de ésta y la consiguiente vuelta a la condición piedra.

Analicemos ahora más detenidamente el contenido de
estos versos:

> el hombre se agita en todas direcciones.

El verbo agitarse nos da idea de un movimiento desordenado; idea que es corroborada por el complemento
circunstancial «en todas direcciones», que señala la «disi-
pación» de un movimiento que carece de meta única. Posee
un cierto carácter caótico, inútil: agotamiento de una
energía en una acción que se nos muestra sin finalidad.

> sueña con libertades.

¿Qué libertades son esas que el hombre sueña y que le
conducirán —nos adelantamos a los acontecimientos— a

una pérdida de su energía? Para comprenderlo, tendremos que recordar otros versos de Cernuda: «Libertad no conozco sino la libertad de estar preso en alguien / cuyo nombre no puedo oír sin escalofrío». Esa es la única libertad compatible con el amor. Pero el hombre sueña con libertades distintas: con la libertad de *no* estar preso en nadie, de no sufrir, de no gozar a causa de otro. Y esos sueños, en definitiva, le liberarán.

compite con el viento.

El hombre, como el viento, no se detiene, pasa y no vuelve; lo roza todo y nada lo contiene; como el viento va ciegamente impulsado en una carrera sin objeto.

Es así como el hombre vuelve a ser piedra, y piedra «en el camino de nadie», es decir, algo absolutamente falto de sentido. El camino, si no es camino para alguien, no es nada. Ser piedra de ese camino es volver a la soledad y la insensibilidad más totales.

La tercera parte empieza con el pronombre sujeto «yo», que eleva así la subjetividad del poeta a primer plano.

Mediante dos contrastes, el poeta destaca su peculiar individualidad: frente a *piedra* en el *camino de nadie*, yo *no soy piedra, sino camino que cruzan al pasar;* es decir: no piedra y sí camino de alguien.

El poeta se sitúa en una postura original, en cierto modo exclusiva, ya que no es «piedra» ni «hombre» (en el sentido que hemos visto de ser disipado y ansioso de libertad). Es «camino»: su postura se caracteriza por la disponibilidad (camino para todos) y la generosidad (entrega sin nada a cambio).

Frente al carácter permanente que se atribuye a sí mismo el poeta (camino y no viento; tampoco hombre agitado y en perpetuo y desordenado movimiento), destaca

el carácter transitorio y casi efímero de su relación con
los otros: es un camino «que cruzan al pasar los pies
desnudos». Tanto el verbo «cruzar» como el complemento
«al pasar» tienen un significado de acción temporal momentánea.

Si antes nos ha sorprendido la afirmación de que *todos*
los cuerpos serán quemaduras, ahora encontramos una
afirmación similar, aunque tomada desde otro punto de
vista: «muero de amor *por todos ellos*». Hay una disponibilidad amorosa que deja de lado las individualidades
para convertirse en un estado, en un modo de vida. Hay
una vocación de amor, como lo demuestra la escasa importancia que, para que se establezca la relación, tiene
el otro. Es el poeta quien se entrega, a sabiendas de que
ninguno comprende el valor de ese ofrecimiento.

La misma pluralidad de seres es expresiva de la mayor
importancia que se concede al hecho de amar sobre la
persona amada. Al menos en este poema, lo importante
es la conciencia del poder vivificante del amor y la disponibilidad amorosa del poeta, y no la persona amada, que
se presenta siempre en plural, como algo repetido y en
cierto modo siempre igual:

> muero de amor por *todos ellos*;
> «*les* doy mi cuerpo para que lo pisen,...
> sin que *ninguno* comprenda».

¿Hay masoquismo en ese ofrecimiento?: «Les doy mi
cuerpo *para que lo pisen*».

Creo que la metáfora del camino lleva implícita la
siguiente (ser pisado), pero, de todas formas, la elección
de este término sugiere notas de dolor, de menosprecio,
que el poeta no podría ignorar. Puede haber un voluntario
deseo de rebajarse, una especie de sacrificio en el cual

el poeta, consciente de su superioridad, se ofrece a unos seres que no apreciarán su gesto, porque no lo comprenden. El poeta, como un cristo pagano, se ofrece en holocausto amoroso, convirtiéndose así en un ser excepcional; ni insensible —piedra— ni desorientado —hombre—, sino camino: ser que voluntariamente se ofrece al amor por el amor.

El poeta es el único que comprende que lo más valioso es la entrega («ambiciones o nubes no valen lo que un amor que se entrega»).

Igual que sucedía con «cintas de agua», no podemos saber exactamente a qué se refiere el poeta cuando dice «nubes», palabra habitual también en él. La frase completa dice: «Les doy mi cuerpo para que lo pisen / aunque les lleve a una ambición o a una nube». Una interpretación posible es: les doy mi cuerpo aunque lo utilicen como medio para satisfacer una ambición o para perderse en un sueño, en algo vago, alejado de la realidad como las nubes. Ambición y nube simbolizarían entonces los dos polos —interesado y desinteresado— hacia los que el hombre camina, utilizando para la consecución de sus fines el amor del poeta.

La irregularidad métrica de los versos acerca el poema al ritmo de la prosa. La medida es la siguiente: 9 - 7 - 8 - 9 - 14 - 16; segunda parte: 14 - 14 - 13 - 13; final: 11 - 11 - 9 - 11 - 14 - 8 - 7 - 10. No hay más de dos versos contiguos con igual medida y, en algunos, el ritmo es extraño, como en ese verso 15: «Aunque les lleve a una ambición o a una nube», que, según se respeten o no las pausas o se fuercen las sinalefas, puede leerse como de doce, trece o catorce sílabas.

Rima en sentido estricto no hay, pero sí alguna repetición de sonidos que la recuerda. Así, en los versos 2 - 4 -

5 - 10 se repiten los sonidos a - e; entre el 6 - 7, o - e; entre 15 - 17, u - e; y entre 16 - 18, e - a. La repetición de sonidos no es fruto de la casualidad, como lo demuestra la inversión de la frase habitual «tarde o temprano» en «temprano o tarde» (verso cuatro), que le permite «rimar» con «puñales» y «agranden».

Muy importante es señalar el tono sereno, casi reflexivo, del poema. No hay exaltación. Ni exclamaciones, ni interrogaciones. Las frases se suceden en tono enunciativo. La existencia de incisos aclaratorios y la ordenada distribución de las frases en los versos sin encabalgamientos acentúa la impresión de serenidad. Asimismo, la repartición en tres grupos, el último de los cuales viene a ser como la superación de la alternativa planteada en los otros dos, da la impresión de una meditada construcción.

Estructura ordenada, tono mesurado y reflexivo, ritmo cercano a la prosa, dan al poema el característico aspecto de los versos de Cernuda: frialdad formal y pasión en el contenido.

XVI

MIGUEL HERNÁNDEZ

Elegía

(En Orihuela, su pueblo y el mío,
se me ha muerto como del rayo
Ramón Sijé, con quien tanto quería.)

Yo quiero ser llorando el hortelano
de la tierra que ocupas y estercolas,
compañero del alma, tan temprano.

Alimentando lluvias, caracolas
y órganos mi dolor sin instrumento,
a las desalentadas amapolas

daré tu corazón por alimento.
Tanto dolor se agrupa en mi costado,
que por doler me duele hasta el aliento.

Un manotazo duro, un golpe helado,
un hachazo invisible y homicida,
un empujón brutal te ha derribado.

No hay extensión más grande que mi herida,
lloro mi desventura y sus conjuntos
y siento más tu muerte que mi vida.

Ando sobre rastrojos de difuntos,
y sin calor de nadie y sin consuelo
voy de mi corazón a mis asuntos.

Temprano levantó la muerte el vuelo,
temprano madrugó la madrugada,
temprano estás rodando por el suelo.

No perdono a la muerte enamorada,
no perdono a la vida desatenta,
no perdono a la tierra ni a la nada.

En mis manos levanto una tormenta
de piedras, rayos y hachas estridentes,
sedienta de catástrofes y hambrienta.

Quiero escarbar la tierra con los dientes,
quiero apartar la tierra parte a parte
a dentelladas secas y calientes.

Quiero minar la tierra hasta encontrarte
y besarte la noble calavera
y desamordazarte y regresarte.

Volverás a mi huerto y a mi higuera:
por los altos andamios de las flores
pajareará tu alma colmenera

de angelicales ceras y labores.
Volverás al arrullo de las rejas
de los enamorados labradores.

Alegrarás la sombra de mis cejas,
y tu sangre se irán a cada lado
disputando tu novia y las abejas.

Tu corazón, ya terciopelo ajado,
llama a un campo de almendras espumosas
mi avariciosa voz de enamorado.

A las aladas almas de las rosas
del almendro de nata te requiero,
que tenemos que hablar de muchas cosas,
compañero del alma, compañero.

Rotundamente, violentamente, como casi siempre, comienza Miguel Hernández su elegía. No hay introducción al modo clásico. La voz se lanza desde el primer terceto a cantar su pena.

Nos trae este primer terceto una reminiscencia clásica, sobre todo en el primer endecasílabo, con la figura del hortelano, pero muy pronto se desvanece esta impresión literaturizante a impulsos de ese verbo inesperado en un poema: estercolar, y de ese entrañable «compañero del alma», que nos hacen entrar en un mundo tremendamente real y cercano.

No hay tremendismo en Miguel Hernández, aunque a veces pueda parecerlo a los ojos del hombre ciudadano y civilizado que ha perdido los hilos que le comunican con las fuerzas primarias de la vida. La visión de su amigo como un cuerpo que ocupa y estercola un pedazo de tierra, el deseo de ser el hortelano que riega con sus lágrimas ese huerto fecundado por el cuerpo, se presta a dos interpretaciones muy distintas: la tremendista, que pone en relación al poeta con el Quevedo más negro, y la clasicista, que brinca por encima de lo que no encaja y ve el marco garcilasiano del pastor y las quejas.

Aunque acudir al conocimiento de la obra de un autor en el análisis de un poema sea sacarse de la manga cartas ventajosas, a veces es recomendable para evitar rodeos y no perder el tiempo demostrando lo ya sobradamente demostrado. Por eso vamos a hacerlo en este caso.

En Miguel Hernández es frecuentísima la adopción de un modelo clásico, tanto de estructura como de forma. Pero lo típico y característico es que ese modelo clásico salte y estalle en mil pedazos a impulso de la violencia, de la fuerza incontenible, de la pasión que infunde el poeta a sus palabras.

Esto ha sucedido también aquí. Del modelo elegíaco que Miguel Hernández toma de los clásicos quedan trozos dispersos, restos de un edificio que una explosión hizo saltar por los aires, fragmentos de una hermosa embarcación flotando a la deriva sobre un mar embravecido.

El primer verso de esta elegía es uno de esos restos. El dolor se enmascara en los ropajes del clasicismo con esa contención, con ese pudor tan hispánico, pero, de pronto, la realidad se impone, sube como un mar incontenible, rompe el molde y surge la intimidad, el tuteo, la visión vitalista, personalísima, del hombre campesino y primitivo que ve los cuerpos muertos como estiércol que fecunda la tierra. Y surge esa llamada, «compañero del alma», índice de una rebeldía que no se resigna a aceptar los hechos. El poeta parece tomar la palabra «compañero» en su sentido etimológico, 'el que comparte el pan'. El amigo queda al margen del tiempo, no tiene edad; el compañero sí la tiene: la nuestra, justamente. A esto está aludiendo el «tan temprano». Y esto va a dar al poema un tono especial: el del dolor que se extraña, que no se resigna ante la muerte porque parte desde el comienzo de un hecho azaroso y sin sentido: que, siendo compañeros, yo esté vivo y tú, muerto. Resumimos brevemente lo expuesto: restos de un modelo clásico de elegía, visión real del cuerpo muerto, intimidad, dolor que lleva implícitas rebeldía y extrañeza. Vitalismo.

El segundo terceto tiene partes incomprensibles, desde un punto de vista puramente lógico. A través de él y del verso primero de la tercera estrofa se desarrolla la visión que comenzó con el verbo estercolar: el corazón del amigo, regado por las lágrimas («alimentando lluvias»), servirá de alimento a las amapolas. El adjetivo «desalentadas» es una proyección sobre la naturaleza de los sentimientos del que habla. De todas formas, seguimos sin saber lo que quiere decir con esos dos versos: «Alimentando lluvias, caracolas / y órganos mi dolor sin instrumento». Hemos interpretado «alimentando lluvias» como una metáfora equivalente a 'derramando lágrimas'. «Mi dolor sin instrumento» puede ser una elisión: sin más instrumento que mi dolor, daré tu corazón por alimento, etc. Pero esta forma de analizar no nos conduce, en este caso, a ninguna parte. Lo que hay que analizar es la impresión unitaria que nos produce, y la impresión es la de un caótico revoltijo sobre el que repentinamente brotan unas amapolas. ¿Por qué amapolas y no otra flor? Una razón plausible para la elección puede ser la afinidad de color: rojo, el corazón, y rojos los frutos que alimenta. Forzados a dar una explicación de estos versos tenemos que acudir al surrealismo, al arte que recurre a los fondos subconscientes de la persona, al sueño, a lo irracional, para escapar del logicismo del lenguaje. Con estos versos, el poeta ha creado un clima confuso, de rebeldía y de pasión, en el que lo único claro es el dolor y un cuerpo que se pudre en la tierra, del que surge nueva vida en forma de rojas amapolas.

En los dos versos siguientes, el lenguaje literario y el coloquial se mezclan y se complementan, en una fórmula de gran valor expresivo. El poeta comienza a hablar de su dolor con el mismo noble empaque literario con que comenzó la elegía. Un adjetivo ponderativo abre la queja en ese endecasílabo de entonación descendente, digno de Garcilaso: «Tanto dolor se agrupa en mi costado»... Y, de pronto, viene el quiebro, el giro popular, la barroca rotundidad de esa frase: «que por doler me duele hasta el aliento». Pero el efecto expresivo no está sólo en el empleo de ese giro coloquial «por doler me duele hasta...» sino que Miguel Hernández ha dado nombre a una sensación hasta ahora innominada: «doler el aliento» es esa sensación en la que se vive el dolor como un peso que oprime el pecho y en la que respirar hondo, alentar, ya no alivia, sino que hace más patente el peso del dolor, como si lo removiera. Sensación que todos hemos sentido y que, al ver así, tan acertadamente nombrada, hecha ser por la palabra, nos impresiona.

Hagamos todavía otra puntualización sobre estos dos versos. Hemos llamado clásico al primero de ellos, por su entonación descendente. Para ser exactos, debemos decir que lo clásico, es decir, lo modélico, es únicamente la ponderación inicial «tanto dolor»; el léxico restante tiene un carácter que le acerca ya a lo popular. Aun así, de todas formas, el contraste con el segundo es evidente.

Cuatro metáforas, en orden de intensidad creciente, constituyen la cuarta estrofa:

> un manotazo duro, un golpe helado,
> un hachazo invisible y homicida,
> un empujón brutal te ha derribado.

El término real de las cuatro es la muerte, la muerte del amigo. Las cuatro metáforas van poniendo de manifiesto, cada vez con mayor intensidad las mismas notas:

el carácter súbito, violento, doloroso y carente de sentido; algo que llega inesperadamente, sin saber de dónde (manotazo, golpe, hachazo invisible, empujón), y nos derriba *brutalmente*, sin razón y sin sentido. En dos de las metáforas está implícita una nota de vejación (manotazo, empujón) a la naturaleza humana.

Las estrofas quinta y sexta son, de nuevo, consideraciones sobre su dolor. Nos sorprende la hipérbole con que comienza la construcción negativa y la visión espacial del dolor: «no hay extensión más grande que mi herida». El concepto lógico que está en la base de la hipérbole es: «mi herida (causada por tu muerte) es muy grande». El proceso seguido por el poeta puede haber sido pasar de ahí a «mi herida es la mayor de todas». De aquí, para realzar el primer término, es decir, «mi herida», se pasa a la forma negativa: «no hay herida mayor que la mía», con lo cual se ha pasado de la forma comparativa, en la que los dos términos tienen igual importancia, a la forma aseverativa, en la que queda realzado el término afirmativo frente al término negativo. El último paso es visualizar el concepto, pasar de la herida abstracta a la herida que es abertura en la carne, la herida extensa y comparable, por tanto, en extensión.

Pero, como otras veces he dicho, esto es destripar un poema, perseguir el camino de la lógica, donde ha habido intuición poética, el proceso, en lo que ha sido concepción unitaria. En todo caso, sigue siendo válido para apreciar lo que hay de maestría técnica, o, si se quiere, de acierto expresivo en ese verso. Analizando los pasos que distan del mero concepto lógico a la expresión poética, comprendemos mejor su fuerza, su carga emotiva.

«Lloro mi desventura y sus conjuntos». Contrariamente al verso anterior, que se nos presentaba como la cima de un proceso de intensificación expresiva, éste deja el concepto al desnudo. Desde un punto de vista estructural, está al servicio de los otros dos versos del terceto. Es el valle necesario para que destaquen dos montañas muy cercanas.

«Y siento más tu muerte que mi vida». Se juega aquí con el doble sentido de la palabra «sentir»: 'lamentar' y 'experimentar sensaciones'. La expresión completa del pensamiento, haciendo explícito todo lo que está implícito, sería, más o menos, ésta: lamento tu muerte, lamento más tu muerte que las desgracias de mi vida; siento tu muerte, me llena de sensaciones, no siento mi vida, estoy anonadado por tu muerte. Mediante elisiones, y jugando con el doble sentido del verbo, todo eso queda resumido en «y siento más tu muerte que mi vida», frase en la que entendemos: *me duele y siento con más realidad tu muerte que mi propia vida*'.

«Ando sobre rastrojos de difuntos». De nuevo se toma el tema que podemos llamar «del hortelano», el tema modélico y, de nuevo, experimenta una transformación en el sentido de un acercamiento a la realidad y, al mismo tiempo, de un desorbitamiento expresivo. La palabra «rastrojos» nos acerca a la realidad del hombre de campo que fue el autor en su juventud (y que siguió siendo siempre en su sentido más profundo), pero esa palabra está incluida en una visión realmente dantesca. Las púas erizadas que quedan en los campos después de la siega, es decir, los rastrojos, lo son de difuntos: la muerte ha pasado su azada, o, para decirlo con palabras de Miguel Hernández, su hacha («un hachazo invisible y homicida»), han caído «derribados» los cuerpos y han quedado esos «rastrojos de difuntos» sobre los que camina el poeta.

«Y sin calor de nadie y sin consuelo». Es un verso del mismo estilo que «lloro mi desventura y sus conjuntos», verso de transición, que cumple la misma misión en los dos casos: destacar los otros dos versos del terceto.

«Voy de mi corazón a mis asuntos». Cuarta cumbre expresiva en el espacio de seis versos. Admirable concisión. Sencilla manera de indicar esa dualidad corazón-asuntos, como algo no coincidente. El poeta *va* del uno a los otros: «el más corazonado de los hombres», como ha dicho Miguel Hernández de sí mismo en otro poema, va sin corazón a sus «asuntos» (palabra que habitualmente designa lo que nos interesa de manera especial; «eso es asunto mío» se dice cuando alguien se entromete). Por eso, antes ha podido decir que siente más su muerte que su propia vida; porque su corazón se ha quedado fijado, anonadado en el dolor y no le acompaña en su vida. El poeta descorazonado va a sus asuntos, convertidos en fría obligación, y vuelve, una y otra vez, a su corazón dolorido.

En la estrofa séptima, abandona las consideraciones sobre su propio dolor para volver a considerar el hecho de la muerte de su amigo:

> Temprano levantó la muerte el vuelo,
> temprano madrugó la madrugada,
> temprano estás rodando por el suelo.

En la estrofa cuarta, dedicada a lo mismo, había quedado de manifiesto, sobre todo, el carácter de hecho súbito, inesperado, violento, cruel. Ahora va a poner de relieve una nota ya apuntada en la primera estrofa: la excesiva prontitud de esa muerte. La repetición del adverbio «temprano» al comienzo de los tres versos es un recurso estilístico no original, pero sí eficaz, si se consigue, como en este caso, evitar la monotonía. Y se ha conseguido porque este adverbio no es más que un eslabón repetido de una cadena de elementos que, directa o indirectamente, aluden a lo mismo: la prontitud, la presteza con que llegó la muerte. Analicemos estos elementos: «madrugada» es 'lo más *temprano* del día'; «madrugar» es 'levantarse *temprano*'; «levantó la muerte el vuelo» sugiere oscuramente la idea de ligereza, de un ave que se lanza, repentinamente, a volar. Todo este clima culmina en ese magnífico verso «temprano madrugó la madrugada», en el que los tres elementos expresan la misma idea, reforzándose e intensificándose mutuamente. La metáfora «madrugada», cuyo término real es la muerte, no significa aquí 'apertura o entrada o comienzo de un nuevo día', sino, sencillamente, 'lo más temprano'. Conceptualmente, este verso hay que entenderlo así: lo que siempre viene pronto —la muerte— vino más pronto esta vez porque se levantó más temprano; o, lo que es igual: «temprano madrugó la madrugada». El último verso del terceto enlaza con lo expresado en la estrofa cuarta: «temprano estás *rodando por el suelo*», «un empujón brutal te ha *derribado*». La idea de ser «derribado brutalmente» queda así reforzada, después de enriquecerse con una nueva nota (temprano).

En las cuatro estrofas siguientes, expresa el poeta su postura ante ese hecho de la muerte; postura absolutamente negativa: no hay resignación ni comprensión, ni aceptación. Comienza aquí la parte más desesperada y conmovedora. Contra toda lógica, contra toda razón, Miguel Hernández quiere recobrar a Ramón Sijé.

Su propio amor le hace concebir a la muerte como una enamorada del amigo, que, por amor, ha venido demasiado pronto a buscarle. Y no le perdona. Ni a la vida, que, «desatenta», se lo dejó arrebatar. Ni a la tierra que le envuelve, ni a la nada que lo absorberá una vez muerto.

Como en la estrofa segunda, en la diez recurre el poeta al lenguaje que apela a lo subconsciente para hacerse expresivo. La aliteración de consonantes oclusivas, vibrantes o africadas, en palabras que aluden a violencia (*tormenta*, *piedras*, *rayos*, *hachas* *estridentes*, *catástrofe*, *hambrienta*), crea una sensación de pasión, de dolor y de desesperación que se suma a la expresada en forma más conceptual en la estrofa anterior.

Penetramos en el camino del instinto; igual que el perro que sigue esperando al amo, echado sobre su tumba, Miguel no se resigna a la muerte del amigo. (Recordemos aquel otro verso: «no me resigno, no, me desespero», tan típico de su rebeldía, de su pasión de hombre que lucha hasta el fin). Su voluntad (ese «quiero» tozudo ante la adversidad), por encima de su razón, le lleva a buscar al objeto de ese querer, ciegamente, como un animal, escarbando la tierra con los dientes, rompiéndola «a dentelladas». Fijémonos bien en que no hay aquí nada de tremendismo gratuito. El deseo de encontrar al amigo no ha sido todavía formulado conceptualmente, en forma racional. El camino seguido es: pensamiento sobre la muerte (estr. 7.ª), expresión conceptual de su actitud ante ese hecho («no perdono...», estr. 8.ª), explosión de desesperación expresada en forma no conceptual (estr. 9.ª), y, como culminación de esa desesperación, no la idea, sino *el gesto* de arrojarse a la tierra, escarbarla y apartarla. No se nos dice para qué, posiblemente aún no lo sabe. Es un instinto ciego el que le lanza a la tierra donde yace el amigo. La estrofa diez es la expresión de ese gesto de desesperación instintiva. Hay un detalle bio-

gráfico que puede servir de base a este gesto de desesperación. Siendo muy jóvenes, casi niños, Miguel y Ramón
Sijé se habían jurado que, si el uno moría, el otro cavaría
su tumba. Al llegar de Madrid, Miguel se encontró a su
amigo ya enterrado y su hermano Vicente dice que costó
trabajo disuadirle del proyecto de desenterrarlo y cavarle
él mismo una nueva tumba.

A lo largo de la estrofa once, el impulso incontrolado,
el movimiento instintivo, se va haciendo intencional. Se
trata ya de «encontrarte», de «besarte la noble calavera».
Es éste un momento de lucidez. El poeta dice «calavera»,
es consciente de lo que va a encontrar: un cuerpo muerto.
Pero como en un sueño que hiciese realidad su deseo,
continúa diciendo: «Y desamordazarte y regresarte». No
perdamos de vista este verso porque es fundamental. Lo
que el poeta desea por encima de todo es esto: hacer
volver a su amigo («regresarte») y lograr que hable («desamordazarte»).

Como si la formulación de ese deseo actuara de con-
juro, el poeta lo da ya por cierto, abandona la realidad,
la evidencia, el pasado («te ha derribado») y el presente
(«estás rodando») para lanzarse hacia un futuro que no
es esperanza, sino alegre certidumbre: «Volverás a mi
huerto»... «volverás al arrullo de las rejas»... «alegrarás
la sombra de mis cejas»... Es un breve paréntesis (tres
estrofas) en el que todo respira alegría y amor: alegre
es esa imagen del amigo que, pájaro, ángel y abeja a un
tiempo (ángel de alma dulce, «colmenera»), revolotea
sobre las flores, «altos andamios». Alegres y enamorados,
también, los labradores, junto a los cuales volverá a
encontrarse. Se disipa la pesadumbre que nubla los ojos,
que contrae dolorosamente la frente del poeta, y la naturaleza (simbolizada en las abejas) y el amor (la novia)

se disputarán de nuevo la energía vital, la «sangre» del amigo. (Recordemos que en Miguel Hernández, como en García Lorca, como en muchas de las religiones primitivas, la sangre tiene un valor sacral, de flujo que sostiene la vida y puede fecundar los campos. Es muy frecuente el empleo de «sangre» como sinónimo de vida o de potencia creadora).

Esta alegría conmueve extrañamente porque seguimos viendo a través de ella la realidad, porque la sabemos imposible. Formalmente, estas estrofas son una transformación del tema del «ubi sunt», o de lo que en el modelo clásico de elegía sería la enumeración de los hechos y virtudes del muerto. En ambos casos, se trata de un recordatorio, y, en cualquier caso, su función es hacer, por contraste, mayor el dolor de hoy comparado con la felicidad o la grandeza del ayer. En este poema, ese efecto está centuplicado porque lo evocado no se vive como pasado, sino como futuro real; es decir, durante un corto espacio de tiempo se vuelve a vivir el pasado *realmente*, con lo cual la vuelta al presente es aún más dolorosa.

Esta evocación tan real del amigo, que en vida fue tantas veces un freno para la exaltación de Miguel Hernández, depura el dolor: sin perder hondura, deja de ser desesperación. Ya no hay «tormentas», «catástrofes», «hachas estridentes». El clima en que se va a desarrollar la última parte del poema es luminoso, ligero, alado. El almendro en flor, la espumosa blancura de su copa, serán el escenario de ese último encuentro. La aliteración de ese verso («*a las aladas al*mas de las rosas») nos hace sentir un revoloteo de *alas* que es como una incitación al vuelo a ese amigo, pájaro, abeja, ángel...

Y, justamente, a la luz de ese «te requiero» final, se nos ilumina el auténtico sentido de esas luminosas estrofas: «volverás a mi huerto... volverás al arrullo de las rejas... alegrarás la sombra de mis cejas»... Miguel Hernández está, en ellas, *persuadiendo* a su amigo para que vuelva. La fórmula es la misma que nosotros empleamos cada día cuando queremos convencer a alguien para que realice algo: te divertirás mucho... disfrutarás de un clima maravilloso... tendrás coche para diez años...

Lo que nos desconcierta es que esa incitación se haga a un muerto. Pero, en realidad, es con ese muerto con quien el poeta está hablando desde el primer momento. Y de esto nos damos cuenta oscuramente desde el comienzo, desde que empezamos a oír esos «tú» que racionalmente no comprendemos y que nos obligan a sentirnos espectadores a quienes nadie ha llamado; intrusos en esa conversación y en esa cita final. O, en el mejor de los casos, testigos conmovidos de un encuentro que excede nuestros límites.

Hemos avanzado ya lo suficiente para poder afirmar que todo el poema está concebido como un diálogo, es un *hablar con,* cuya respuesta se espera de un momento a otro. Es una llamada al amigo, un requerimiento, que se formula explícitamente en los cuatro versos finales, pero que ha condicionado toda la estructura y el tono del poema.

Por orden de aparición, las vivencias expresadas son las siguientes:

—Deseo de acompañar los restos del amigo (siete primeros versos).
—Su propio dolor (versos 8 y 9, estrs. 5.ª y 6.ª).
—Características de la muerte de su amigo (estrofas 4.ª y 6.ª).
—Actitud del poeta ante esa muerte (estrs. 8.ª y 9.ª).

—Deseo de encontrar al amigo, de hacerle hablar y regresar (estrs. 10.ª y 11.ª).

—Incitación al amigo para que vuelva (estr. 12.ª, 13.ª y 14.ª).

—Requerimiento (estrs. 15.ª y 16.ª).

A partir de la estrofa 9.ª se produce un cambio en el poema. Hasta ese momento, Miguel ha cantado su dolor, el carácter injusto de la muerte del compañero. A partir de aquí, se emprende una búsqueda, se llama, se requiere. El poeta pasa, incluso conceptualmente, por encima de la muerte. (En forma no conceptual, ya había pasado desde la primera estrofa al dirigirse a su amigo, al hablarle a él como a alguien vivo.) Por eso, en la estrofa 15 dirá que su «avariciosa voz de enamorado» llama a «tu corazón, ya terciopelo ajado». Se parte de que el corazón está ya ajado (= sin savia = muerto) y eso no obsta en absoluto para que se pueda producir la llamada. La contestación va implícita. A partir de la estrofa 12, el tono del poeta ha adquirido un ímpetu, una seguridad, que se hace sentir como una orden, más que como una súplica. En la estrofa 15, además, queda indeterminado, por faltar la preposición «a» al complemento directo, quién es el sujeto del verbo llamar.

> Tu corazón, ya terciopelo ajado,
> llama a un campo de almendras espumosas
> mi avariciosa voz de enamorado.

Lógicamente es «voz», pero, al ir antepuesto al complemento «corazón», nos produce la impresión de que él es el sujeto. De este modo, el efecto es el de una oración recíproca: Mi voz a tu corazón, y tu corazón, a mi voz. Lo cual viene a ser una especie de respuesta.

Los dos primeros versos del serventesio final son una repetición de la estrofa anterior, pero intensificada. Del «campo de almendras espumosas» se pasa al «almendro de nata», lugar más concreto; de «llamar», a «requerir». Como introducción, ese magnífico verso en el que parece sentirse el aleteo de pájaros o de ángeles: «A las aladas almas de las rosas». Y, de pronto, la voz se hace entrañable, cotidiana, para decir sencillamente: «que tenemos que hablar de muchas cosas»; y se quiebra como en un sollozo, y se hace dolor y súplica en ese entrañable «compañero del alma, compañero».

Pasemos ahora a los elementos no conceptuales. Veremos que, formal y estructuralmente, el poema reproduce el diálogo y la reunión final.

En casi todas las estrofas se da la alternancia entre la primera y segunda persona gramatical (la que habla y la persona a quien se habla), tanto de verbos como de adjetivos o pronombres personales y posesivos. No existe apenas la tercera persona, el «él» y el «ello». Los únicos ejemplos que se encuentran se subjetivizan inmediatamente mediante el pronombre personal («*te* ha derribado», estr. 4.ª) o por medio de un verbo en segunda persona que cierra la serie de metáforas («temprano *estás rodando* por el suelo», estr. 7.ª). La alternancia «yo» - «tú» guarda un cierto equilibrio. Si en una estrofa predomina uno de ellos, se produce en seguida una mayor abundancia del otro en la estrofa siguiente.

Estr. 1: Yo quiero... *(tú)* ocupas y estercolas
Estrs. 2 y 3: *(yo)* daré *tu corazón*
» 4: *te* ha derribado (toda la estrofa se refiere a «tú»)

Estrs.		
	5:	*mi* herida... *(yo)* lloro *mi* desventura
		(yo) siento *tu* muerte... *mi* vida
»	6:	toda de «yo»
»	7:	toda «tú»
»	8, 9, 10:	toda «yo»
»	11:	*(yo)* quiero... encontrar*te*, besar*te*,
		desamordazar*te*, regresar*te*
»	12:	*(tú)* volverás... *tu* alma
		Mi huerto... *mi* higuera
»	13:	Toda «tú»
»	14:	*(tú)* alegrarás... *mis* cejas
		tu sangre... *tu* novia
»	15:	*Tu* corazón - *mi* voz
»	16:	*(yo)* te requiero
		QUE TENEMOS QUE HABLAR.

La dualidad yo - tú de todo el poema se resuelve en la estrofa final en un «nosotros», es decir, la unión de yo y tú, reproduciendo estructuralmente el proceso seguido por las ideas y los sentimientos.

Biográficamente, el poema responde a la necesidad que debió de sentir Miguel Hernández de dar una explicación a Ramón Sijé por su alejamiento de los últimos tiempos. Las primeras publicaciones de Miguel en *Caballo verde para la Poesía*, la revista vanguardista que dirigía Neruda, la amistad creciente entre estos dos poetas, las críticas de aquél al ambiente católico y tradicional en el que se había movido Miguel, fueron motivos de diferencias entre los dos amigos. En ningún momento puede hablarse de ruptura, pero, indudablemente, la estrechísima relación, la comunidad de sentimientos e ideas que había existido entre ellos, se perdió. Al sobrevenir repentinamente la muerte de Ramón, aparte del dolor por la pérdida del amigo, Miguel debió de sentir la impresión de no haber puesto de su parte todo lo posible para mantener la antigua intimidad. Y un deseo de comunicación cada vez más acuciante se hace sentir en él. A este deseo parece obedecer el poema. Hay, incluso, una insistencia sobre el propio dolor, que, teniendo en cuenta lo que hemos dicho de que el poema está dirigido a un «tú» que escucha, parece muestra de cariño ante un amigo al que, sin querer, se ha hecho daño y al que quisiera convencer de la hondura de sus sentimientos.

Desde cualquier punto que lo miremos, se nos aparecen como los más importantes los últimos versos del poema, el serventesio final. Pero esta estrofa ha necesitado de las 15 precedentes para poder ser así. A lo largo del poema, se ha ido creando un clima que va a permitir el brío de los dos primeros versos y la sencillez desgarradora de los dos últimos.

Este clima se ha ido formando tanto por lo que se dice como por lo que no se dice; la carencia también crea ambiente. Y en este poema no hay justificación transcendente, ni hay estoicismo, ni hay resignación. La muerte es sencillamente eso: un empujón brutal, una madrugada que, algunas veces, sin razón, inesperadamente, llega aún más temprano. Hay desesperación, hay impotencia, rebeldía ante un destino ciego. Hay dolor. No hay esperanza. Hay fe en algo que no se pudre. Y hay una querencia, y una voluntad de recobrarlo.

Y nosotros que no creíamos, nos hemos ido impregnando en esa creencia, en el dolor, en la necesidad de recobrar lo perdido. Por eso nos conmueve lo que al comienzo nos hubiera sólo sorprendido y extrañado: la exhortación, la conminación a hacerse presente:

A las aladas almas de las rosas
del almendro de nata te requiero,

y nos conmueve esa explicación tan realista, tan cotidiana, tan sencilla, pero tan cargada de sugerencias: «que tenemos que hablar de muchas cosas». Y nos conmueve ese verso que no dice nada nuevo, pero que sentimos como resumen de todo, porque es, al mismo tiempo, recuerdo y llamada: «compañero del alma, compañero».

XVII

LUIS ROSALES

La casa está más junta que una lágrima

Señor, ya sé que estas palabras no son dignas de Ti,
ya lo sé,
pero quiero pedirte, de algún modo, que no derribes
    aún aquella casa de La Coruña,
que la defiendas de la lluvia
y no le cobres demasiado alquiler frente a la muerte,
porque la casa es tuya,
porque la casa es tuya igual que es nuestro un año,
porque la casa es como un año,
como un marjal de tierra y de madera,
como un abrigo viejo donde el cuerpo anochece des-
    cansando,
y, además, quiero decirte que he estado en ella este
    verano
y sé muy bien que no molesta a los vecinos,
porque no existe en ella ruido alguno,
porque nadie anda en ella,
porque sus habitantes, desde hace mucho tiempo, no
    se mueven,
no se pueden mover: son igual que paredes que nos
    miran,

son igual que paredes donde crecen los niños,
son igual que paredes donde la cal impide que progrese
    la humedad visitante,
y quisiera añadirte que tal vez se llegará a tapiar
    aquella casa,
se llegará a cerrar sobre sí misma,
si Tú te olvidas de los viejos,
si Tú te olvidas de que son ellos los que no pueden
    enfermar,
porque son necesarios como puertas,
como puertas que están siempre de pie,
y que se mueven, además, cuando es preciso, para
    modificar la cerrada disposición de las paredes,
para que todas se comuniquen entre sí,
para que todas las habitaciones puedan tener vistas
    al mar,
para que todas las ventanas sigan mirándonos desde
    los párpados de Dios.

A partir de la generación del veintisiete, ya con Miguel Hernández, la poesía abandonó su carácter hermético y su mayor o menor dedicación a minorías para buscar un auditorio cada vez más amplio y un aspecto cada vez más sencillo. *Aspecto* sencillo que no quiere decir simplicidad, ya que, en los mejores poetas, encierra generalmente una gran complejidad. Éste es el caso del poema que ahora comento.

Dejando aparte el título, que por su rareza comentaré al final, lo primero que observamos es que el poema empieza con una introducción tópica (en el sentido de utilización de elementos que pertenecen a la tradición literaria): confesar la indignidad del poeta para tratar determinados temas o dirigirse a determinadas personas. El tópico, sin embargo, aparece en este caso transformado, de manera que cobra un aspecto personal, como veremos en seguida.

De dos formas se pueden interpretar las primeras palabras del poema; como una conciencia de indignidad frente a un Ser superior, que abarcaría a todo el hecho de dirigirse a Él; o bien, conciencia de la indignidad de esas palabras concretas. Esta segunda interpretación parece más acertada, puesto que el poeta se justifica diciendo:

> pero quiero pedirte, *de algún modo...*

Parece que es el «modo» lo que no le parece digno. Al analizar el poema, iremos viendo las características de este modo, que quizá no sea «digno», pero, indudablemente, al menos a un nivel humano, es eficaz. Tenemos que recordar que el poema no está dirigido a nosotros sino de modo indirecto. Desde la perspectiva del hablante-autor, nosotros somos sólo testigos de sus palabras a otra persona.

La primera característica del «modo» del poeta que nos llama la atención es su falta de rodeos, la manera de ir directamente al asunto. Es precisamente esta característica la que transforma el tópico inicial y le da un aire peculiar. El poeta insiste dos veces, en el espacio de dos versos, en la conciencia de su dignidad: «ya sé... ya lo sé», e, inmediatamente, rompiendo el esquema de la fórmula clásica que expone como disculpa los buenos propósitos o la magnanimidad del interlocutor, pasa a expresar su petición, sin más preámbulos. Se ha suprimido la justificación y con ello el «tópico», que queda convertido en una fórmula introductoria muy personal: directa, sencilla, apresurada, expresiva, por una parte, de la confianza en el interlocutor, y, de otra, del interés del poeta en el asunto al que se lanza sin dilación:

> pero quiero pedirte, de algún modo, que no derribes aún
> aquella casa de La Coruña.

Desde el 27 estamos acostumbrados a la inclusión del nombre del poeta en la obra. Del «¡ay, Federico García, llama a la Guardia Civil!», al «Naranjal de Alberti», pasando por «ese río al que le llamaban Dámaso», los ejemplos son numerosos. También, desde Unamuno, la toponimia de nuestra península —los Úbeda, Frómista, Zumárraga, Zumarramala...— han hecho aparición frecuente en los poetas. Pero esto es distinto. La manera de formular el ruego tiene un indudable efecto emotivo. No se trata de la sorpresa del nombre propio, ese efecto perspectivístico de espejo que nos presenta, frente a nosotros, la imagen que creíamos en otra parte. Ni se trata tampoco de la emoción patriótica y musical de los topónimos. Creo que varias causas concurren aquí para producir emoción. De una parte, la vinculación de los hechos a un lugar concreto, desprovisto de reminiscencias literarias o artísticas; eso hace que lo sintamos como algo más real y cotidiano, semejante a los sucesos periodísticos donde la especificación de lugares y nombres es fundamental para despertar el interés. De otra parte, la vinculación del propio autor a esos lugares concretos; esto nos produce la impresión de estar descubriendo aspectos de su vida «privada» que despiertan nuestra simpatía. En definitiva, sentimos que el poeta no recata su intimidad en aspectos que carecen del ornato del precedente literario. La impresión más fuerte es la de naturalidad: el poeta habla sencillamente y con la mayor claridad posible (¡no sea que Dios se vaya a confundir con otra casa!) de lo que le preocupa.

Un punto interesante para comentar es la imagen de Dios que nos ofrecen sus palabras: un ser poderoso y providente, pero al que hay que recordarle las cosas y puntualizárselas bien (más adelante nos hablará de «olvido»), al que se le puede convencer con razonamientos; imagen humanizada, en cierto modo amistosa y cercana, más sentimental que intelectual.

Otra fuente de emoción se centra en torno a la palabra «aún». El poeta pide una pórroga a algo que, inexorablemente, tendrá que llegar. Ese «aún», que no especifica tiempo, es índice del cariño del poeta por la casa. Se pide por la vida de un ser querido, sin ser capaz de poner límites, ni fecha fija, a algo que se teme y se sabe que sucederá. Lo que pretende es prolongar por algún tiempo una situación en la que se mezclan el temor y la tristeza ante lo inevitable con la alegría de una prórroga esperanzadora.

A partir de la petición general («no derribes»), las palabras del poeta van configurando una imagen de la casa con categoría humana:

> que la defiendas de la lluvia
> y no le cobres demasiado alquiler frente a la muerte.

El verbo «defender» nos sugiere la imagen de la casa como un ser desvalido y amenazado. En el segundo verso tiene lugar una trasposición de planos. Se ha pasado del significado casa-lugar al de casa-persona. Pero esta trasposición no es total, sino que mantiene elementos de ambos significados. Así, la palabra «alquiler» pertenece al campo semántico de casa-lugar, mientras la palabra «muerte» pertenece al campo semántico de casa-persona. Al mantener elementos de los dos significados, consigue el poeta una doble fuente de emoción: evocar la ruina de la casa, el precio de su existir frente al tiempo, y evocar también la vejez del hombre, el precio humano ante la muerte.

El lenguaje coloquial va añadiendo nuevas notas a la figura de Dios, cada vez más cercano al hombre. Aquí se muestra como una persona a quien se le puede «regatear» (no le cobres *demasiado* alquiler...), una especie de amo bondadoso al que se le puede decir que sus precios son excesivos, y convencerle con razonamientos. Por eso, la súplica del poeta adquiere la forma de una argumentación destinada a convencerle de la necesidad de acceder. En primer lugar, se manifiestan las causas que se refieren al propio interlocutor, es decir, a Dios:

> porque la casa es tuya,
> porque la casa es tuya igual que es nuestro un año,
> porque la casa es como un año.

Varias interpretaciones admiten estas palabras. Podemos entender: así como un año es nuestro, porque lo vivimos y lo llenamos de cosas nuestras, así la casa es tuya porque Tú la llenas y vives en ella. O bien, el tiempo es tuyo, porque Tú creas el tiempo y lo superas, pero también es nuestro, porque es tiempo humano, medido por el hombre. La casa es nuestra porque es una obra del hombre, pero es de Dios, en última instancia, como todo lo humano; por eso, la casa es tuya como un año es nuestro; es decir, ambos somos poseedores de aquello que, en principio, parece pertenecer a distinta esfera (humana o divina) y no podemos desentendernos de ello. Por último, más sencillamente, podemos interpretar: un año es nuestro porque podemos hacer con él lo que queremos, igual que Dios con la casa.

Todas estas posibilidades y aún más subyacen en el segundo verso y se continúan en el tercero: «la casa es como un año», que vendría a significar: es tiempo que se llena de vida, algo caduco y pasajero, algo que Dios da y nosotros disfrutamos, algo que nosotros construimos y que pertenece a Dios...

Notemos, finalmente, que la reiteración tiende a reforzar la imagen de Dios de que antes hablamos: alguien a quien se le pueden aducir razones. No un ser misterioso e inexpugnable sino humano, en la medida en que es susceptible de ser convencido.

Tras destacar los caracteres «divinos» de la casa, el poeta va a poner de manifiesto aquellas cualidades que la hacen inseparable de la condición humana. Así la casa es:

> como un marjal de tierra y de madera,
> como un abrigo viejo donde el cuerpo anochece descansando.

De nuevo nos encontramos con la técnica de unir significados pertenecientes a campos semánticos distintos para potenciar el valor expresivo del verso. La palabra «abrigo» puede pertenecer al campo semántico de «refugio» y al de «prenda de vestir». Rosales ha incorporado al verso ambas acepciones. La construcción «abrigo viejo» parece aludir claramente a la significación abrigo-prenda, pero «anochece» y «descansando», a abrigo-refugio. De este modo, la casa se enriquece con notas pertenecientes a los dos campos semánticos; es como un abrigo viejo, con el que uno se protege del frío, y como un refugio, en donde puede descansar al anochecer. A todo esto hay que añadir el efecto emotivo del adjetivo «viejo», que viene a acentuar las notas de ternura y compasión que se habían iniciado con el verbo «defiendas». La casa se va configurando cada vez más como un ser desvalido, necesitado de protección, pero, a un tiempo, necesario, imprescindible para el hombre.

La construcción «el cuerpo anochece», con verbo personal, es antigua en castellano y procede de un calco semántico del árabe donde los verbos que significan amanecer y anochecer son personales. En el Canciller Ayala se encuentra «échase el omne sano y amanesce frío». Sin embargo, tal como está empleada en el verso, se siente extraña al uso habitual del idioma y tiende a interpretarse como una metáfora: «anochecer» es «acabar, morir el día». La casa es el refugio-abrigo donde el cuerpo se acaba, envejece, muere.

Tras haber expuesto las relaciones de la casa con Dios («es tuya»), merced a las cuales debe atender a su ruego, el poeta pasa a apoyar éste en la relación de la casa con los otros seres:

> y, además, quiero decirte que he estado en ella este verano
> y sé muy bien que no molesta a los vecinos.

De nuevo, la vida privada del poeta salta a primer término. Y todo parece tan cotidiano, tan normal: el viaje en verano, como todo el mundo, las vacaciones típicas del hombre que trabaja; la referencia a las molestias de los vecinos. Son versos como éstos los que producen la impresión de espontaneidad, de total facilidad, en el poema. Parece que el poeta se ha limitado a contar cosas de su vida tal y como sucedieron, sin más. Y, para colmo, estas cosas son absolutamente normales: el veraneo, la casa, los vecinos.

Hay algún detalle interesante desde un punto de vista sociológico; se trata de una casa de verano, no de un chalet aislado; está en La Coruña, donde el tipo de vacaciones veraniegas (como en todo el norte) es muy distinto al de Andalucía o Levante; además, es una casa vieja, es decir, que hace muchos años que se prefiere este tipo de vida y de lugar. Pero tan vieja que quizá no se use *ya*.

La construcción «y sé muy bien» expresa la decidida voluntad del poeta de no dejarse convencer por razones contrarias, su resistencia a las posibles objeciones del interlocutor. La figura de Dios resulta cada vez menos imponente: se le informa de los actos (nada de omnisciencia, por tanto) y se le hacen afirmaciones categóricas que no admiten discusión.

En un primer momento, el poeta ha ido dando detalles que dan a la casa un aspecto muy real y determinado: una casa vieja, rodeada de vecinos, donde se veranea, enclavada en La Coruña... A partir de ahora, comienza un proceso distinto. Primero, se ha tratado de dar cuerpo, entidad, concreción a un ser —la casa—. Ahora va a comenzar una operación de desrealización. La casa ya no va a ser sólo eso, una casa querida y en ruinas, sino el símbolo de algo más general, más transcendente.

> porque no existe en ella ruido alguno,
> porque nadie anda en ella,

Parece que se trata de una casa deshabitada, una casa «personalizada», puesto que se nos ha dicho que «no molesta», pero, rápidamente, el poeta va a añadir algo que no nos permitirá olvidar la segunda acepción (lugar donde se vive), con la que, desde el comienzo, viene alternando:

> porque sus habitantes, desde hace mucho tiempo, no se mueven,
> no se pueden mover; son igual que paredes que nos miran,
> son igual que paredes donde crecen los niños,
> son igual que paredes donde la cal impide que progrese la
> humedad visitante.

La casa cobra un aire fantasmal, irreal, merced a esos habitantes que «no se pueden mover desde hace mucho tiempo». Pero estos habitantes no tienen un aspecto imponente o amedrentador; todo lo contrario, tienen el aspecto tierno y melancólico de las paredes en las que han ido quedando las marcas sucesivas del crecimiento de los hijos, y las capas de cal con las que cada año se intenta contener la perenne humedad norteña.

Fijémonos bien en que sigue manteniendo el poeta el doble plano significativo (y emotivo): la casa es el lugar donde se vive o se ha vivido, y también un ser vivo, que experimenta los avatares de una persona (enfermedad, vejez, muerte). Técnicamente, en estos últimos versos consigue este efecto mediante la comparación «igual que». La sustitución de tipo metafórico hubiera sido perfectamente posible; es decir, «sus habitantes son paredes». Frente a ella, la comparación reparte por igual la atención entre los dos términos.

Finalmente, a esta casa-persona puede sucederle una desgracia que tendrá desagradables consecuencias para todos y sobre la cual el poeta previene a Dios:

y quisiera añadirte que tal vez se llegará a tapiar aquella casa,
se llegará a cerrar sobre sí misma.

Y al puntualizarle a Dios cómo sucederá esa desgracia, el tema latente desde el comienzo va a hacer irrupción en el poema:

si Tú te olvidas de *los viejos,*
si Tú te olvidas de que son ellos los que no pueden enfermar,
porque son necesarios como puertas,
como puertas que están siempre de pie,
y que se mueven, además, cuando es preciso, para
   modificar la cerrada disposición de las paredes,
para que todas se comuniquen entre sí...

Ya está claro; la casa es como los viejos. Es a un tiempo
una casa y una persona. Su destino, su función, es la
misma. Las palabras del poeta crean un nuevo orden de
valores. No es lógico, no es natural que los viejos enfermen
y mueran: ellos son «los que no pueden enfermar», y no
pueden porque «son necesarios como puertas». Ellos son
la apertura de lo cerrado, la posibilidad de comunicación.
Frente a la cruel opinión de la inutilidad de los viejos, el
poeta destaca el aspecto contrario: su necesidad; ellos
son los que «modifican la cerrada disposición» de los
seres humanos y permiten que todos «se comuniquen
entre sí».

Como hemos visto repetidamente, a lo largo del poema
se mantiene la doble significación, simbólica y realista.
Si antes ha dicho: «sus habitantes son igual que paredes», ahora dice: «los viejos son como puertas». El
acento principal de interés ha pasado de la casa vieja
a las personas viejas, pero ambos significados siguen presentes. En los últimos versos transcritos predomina el
sentido simbólico, es decir, el significado de persona sobre
el de casa-lugar. Esas puertas que «están siempre de pie»
('siempre dispuestas' hay que interpretar), que «se mueven
cuando es preciso», inclinan la balanza hacia «los viejos».
Pero, en seguida, al enumerar las funciones de estos viejos-
puertas, el poeta lo hace de una forma que vuelve a
traer a primer plano la imagen de la casa:

(se mueven) para que todas las habitaciones puedan tener vistas
    al mar,
        para que todas las ventanas sigan mirándonos desde
        los párpados de Dios.

Además de cumplir una función de comunicación entre
los habitantes de la casa, los viejos consiguen que todos

participen por igual de lo que es el mayor atractivo de ella: la vista del mar.

A lo largo del poema hemos tenido una doble serie de elementos que podemos llamar realistas y simbólicos, y que se mantiene hasta el verso final: casa-persona, viejos-puertas, habitantes-paredes, ventanas-párpados de Dios.

La extrañeza que produce el último verso creo que depende de un brusco cambio de perspectiva por parte del poeta. Hasta ese momento había mantenido una conversación con un Tú al que había logrado humanizar y personalizar por diversos medios (uno de ellos, la alusión al olvido, incompatible con la idea «ortodoxa» de Dios). Y, repentinamente, este Tú pasa a tercera persona y se diluye en una especie de panteísmo. El verso que esperábamos al final sería algo así: «para que Tú sigas mirándonos desde todas las ventanas», que, indudablemente, tiene la ventaja de que se entiende muy bien, pero que nos dejaría a Dios convertido en un vecino curioso, y que (esto es lo fundamental) rompería la doble serie de elementos a la que antes aludí. Igual que los habitantes son paredes y los viejos puertas, las ventanas son los párpados de un Dios súbitamente magnificado, panteísticamente presente en la casa y a su alrededor.

Repetidamente he hablado de naturalidad a lo largo del poema. El uso del verso libre y la sencillez con que el autor habla de su vida produce la engañosa impresión de espontaneidad. Pero, como decía Moratín, «esto no lo hace un barbero». A fuerza de técnica, el poeta ha mantenido un doble plano significativo que enriquece enormemente el contenido. Pero lo más revelador para juzgar de la técnica del autor es la estructura del poema.

La estructura es abierta. Consta de una breve introducción y tres bloques construidos sobre la reiteración de elementos sintácticos. La organización de los elementos de cada bloque es muy similar, sobre todo entre el primero y el segundo. Desde el punto de vista de la estructura, nada impediría que un bloque más se añadiera a los tres existentes, es decir, no existe ningún índice estructural de cierre; por eso digo que la estructura es abierta.

La introducción está formada por los dos primeros versos. Los tres grandes apartados están señalados por un verbo de voluntad del que depende un infinitivo: «quiero pedirte»... «y quiero decirte»... «y quisiera añadirte». Veamos en esquema la organización de los elementos dentro de estos tres apartados:

```
                      | que no derribes...
       quiero pedirte | que la defienda...
                      | y no le cobres...
                                ↓
                      porque la casa es...
                      porque la casa es...
                      porque la casa es  →  | como un año
                                            | como un marjal
                                            | como un abrigo viejo
                      | que he estado...
      quiero decirte  |
                      | y sé muy bien...
                                ↓
                      porque no existe en ella...
                      porque nadie anda en ella
                      porque sus habitaciones son → | igual que
                                                     |    paredes...
                                                     | igual que
                                                     |    paredes...
                                                     | igual que
                                                     |    paredes...
```

quisiera añadirte

que se llegará a tapiar...

se llegará a cerrar...

↓

si Tú te olvidas...
si Tú te olvidas...

porque son necesarios → como puertas...
como puertas...

↓

para que todas se comuniquen...
para que todas las habitaciones...
para que todas las ventanas...

Obsérvese la similar organización de los elementos en el primer y segundo apartados. Esta semejanza se rompe en el tercero, donde se mantiene la preferencia por las agrupaciones de dos y tres elementos, pero de forma más irregular. Este «desequilibrio» en la estructura parece corresponderse con la aparición en forma explícita del tema de los viejos, que aumenta la emoción del poema. Podemos interpretar que, a mayor carga emotiva, menor regularidad y equilibrio en la estructura.

La incorrección gramatical del título («la casa está más junta que una lágrima») creo que contribuye a crear, desde el primer momento, la impresión de espontaneidad. Parece una de las frases con anacolutos que se nos escapan en una conversación coloquial. Probablemente se trata de un cruce entre «junto a» y «cerca» o «cercana». Puede querer decir «la casa está más junto a nosotros (o a Dios) que una lágrima», en el sentido de «más cerca de».

Como se ve, una estructura tan regular (introducción, tres apartados organizados sobre la reiteración de elementos dobles y triples) es fruto del trabajo y no del azar. Sin embargo, uno de los mayores méritos del poeta

ha consistido en lograr un aspecto natural y espontáneo.
El duro esqueleto de la estructura que sostiene los versos
libres ha quedado perfectamente encubierto por la sencillez de las palabras. Tal como anticipé al comienzo, bajo
la aparente sencillez se oculta una gran complejidad de
ideas y una perfecta técnica literaria.

XVIII

BLAS DE OTERO

Canto primero

DEFINITIVAMENTE, cantaré para el hombre.
Algún día —*después*—, alguna noche,
me oirán. Hoy van —vamos— sin rumbo,
sordos de sed, famélicos de oscuro.

Yo os traigo un alba, hermanos. Surto un agua,
eterna no, parada ante la casa.
Salid a ver. Venid, bebed. Dejadme
que os unja de agua y luz, bajo la carne.

De golpe, han muerto veintitrés millones
de cuerpos. Sobre Dios saltan de golpe
—sorda, sola trinchera de la muerte—
con el alma en la mano, entre los dientes

el ansia. Sin saber por qué, mataban;
muerte son, sólo muerte. Entre alambradas
de infinito, sin sangre. Son hermanos
nuestros. ¡Vengadlos, sin piedad, vengadlos!

Solo está el hombre. ¿Es esto lo que os hace
gemir? Oh si supieseis que es bastante.

Si supieseis bastaros, ensamblaros.
Si supierais ser hombres, sólo humanos.

¿Os da miedo, verdad? Sé que es más cómodo
esperar que Otro —¿quién?— cualquiera, Otro,
os ayude a ser. Soy. Luego es bastante
ser, si procuro ser quien soy. ¡Quién sabe

si hay más! En cambio, hay menos: sois sentinas
de hipocresía. ¡Oh, sed, salid al día!
No sigáis siendo bestias disfrazadas
de ansia de Dios. Con ser hombres os basta.

En el poema se pueden distinguir dos partes fundamentales. La primera comprende los cuatro primeros
versos y constituye una especie de introducción al resto
del poema. Se distingue porque en ella el poeta habla,
bien para sí mismo, bien para un auditorio indeterminado.
Por el contrario, el resto del poema está dirigido directamente a «vosotros», en un lenguaje de gran expresividad en el que abundan imperativos exhortativos y
fórmulas interrogativas. En esta breve primera parte, el
verso primero cumple una función programática. Fijémonos en que es el único que tiene por sí solo sentido
completo. A partir de él, los encabalgamientos abruptos
entrecortan el sentido[1]. El primer verso se nos presenta
como un programa de acción futura. Los tres versos
siguientes son la reflexión del poeta sobre el futuro («algún
día... me oirán») y el presente («hoy van... sordos de
sed») de esa acción. El significado del primer verso sólo
indirectamente se relaciona con la segunda parte del
poema. Por enunciar una acción repetida y futura, excede

---

[1] Es, además, el único alejandrino. Parece clara su diferen-
ciación del resto del poema.

los límites del poema, que viene a convertirse *sólo* en una primera realización de las intenciones del poeta.

El poema se estructura así:

enunciado de un propósito (cantar para el
   hombre)   v. 1
reflexiones del poeta sobre este propósito vv. 2, 3, 4
primera realización del propósito (comienza
   un canto para el hombre)   vv. 5 y sigs.

Del verso primero hay que comentar la palabra «definitivamente», sin duda la más importante para el poeta, que la realza con todos los medios a su alcance. La coloca en primer lugar de la oración, lo que demuestra su importancia psicológica, ya que, *lógicamente*, por ser complemento circunstancial, le correspondía un lugar detrás del verbo. La realza además gráficamente, escribiéndola con letras mayúsculas, de manera que, a través de la vista o del oído, se perciba la importancia que tiene para el poeta.

En armonía con el significado de esa primera palabra está el empleo del tiempo futuro simple, sin perífrasis. Es tendencia universal la suavización del futuro mediante formas perifrásticas. El hombre teme, inconscientemente, enunciar la realización de una acción futura y lo palia con el empleo de fórmulas como «Dios mediante», «si Dios quiere» o formas perifrásticas con «haber» que disimulan la voluntariedad. Por el contrario, el poeta emplea la forma más simple y pura: «cantaré», sin paliativos, que armoniza perfectamente con el tono tajante del adverbio inicial.

Los tres versos siguientes van íntimamente ligados por el sentido con el resto del poema, es decir, con el «canto» propiamente dicho. Es como si reflexionar sobre la repercusión que va a tener su canto y sobre la naturaleza de los seres a quienes va dirigido condicionara la posterior elección de las palabras. Voy a ir analizándolo.

> Algún día —después—, alguna noche,
> me oirán...

Muchas cosas están implícitas aquí. Estas palabras confieren al canto del poeta una resonancia heroica. Es 'el hombre que clama en el desierto'. Canta a pesar del vacío *presente* en que caen sus palabras. Pero su fe, su esperanza, son tan tajantes como su decisión de cantar para el hombre: «me oirán». Deja absolutamente indeterminado el momento: «*algún* día, *alguna* noche». Sólo queda patente que se trata de un momento futuro —«después»—. Creo que otra nota va implícita aquí y es la perennidad, la continuidad del canto del poeta; si algún *día*, alguna *noche* le oirán, quiere decir que su canto podrá oírse noche y día.

La razón de que no le oigan es que:

> Hoy van —vamos— sin rumbo,
> sordos de sed, famélicos de oscuro.

La identidad entre el poeta y «los otros» sólo puede aplicarse al primer complemento, «sin rumbo», no a los demás, porque nadie puede ofrecer lo que no tiene y en los versos siguientes el poeta ofrecerá «agua» y luz (alba). Hay que entender, por tanto, que todos van sin rumbo, pero, además, los otros van «sordos de sed, famélicos de oscuro». ¿Qué quiere decir con esto? Creo que el poeta ha partido de la frase evangélica «padecer *hambre y sed*...» y la ha transformado. Así, creo que hay que interpretar 'sordos a causa de la sed, famélicos a causa de la oscuridad'. Es decir, la causa de su sordera es la sed que padecen (ya se nos dirá de qué), y la causa de su hambre es que viven en la oscuridad. Desligada del contexto, la frase «famélicos de oscuro» significaría 'hambrientos de oscuridad', que no tiene sentido en el poema, según tendré ocasión de demostrar.

El poeta comienza su canto a los hombres en el verso quinto, dirigiéndose directamente a ellos:

> Yo *os* traigo un alba, *hermanos*. Surto un agua,
> eterna no, parada ante la casa.

Señala su radical semejanza: son «hermanos», pero también su radical diferencia: él puede ofrecerles aquello de que carecen. Frente a lo «oscuro», él trae «un alba». No sólo luz, sino la luz primera del día, la que surge después de la noche, y además «surto un agua». El cultismo de la expresión y el sentido general de las frases nos trae reminiscencias bíblicas o religiosas («yo soy la luz del mundo», «quien bebe de esta agua no morirá»...). El poeta empieza a dibujarse con rasgos mesiánicos. Quizá por eso se apresura a concretar: «un agua, *eterna no*, parada ante la casa». Su dádiva tiene unas dimensiones estrictamente humanas. No es el agua que se ofreció a la samaritana, para la eternidad, sino un agua para la vida, detenida ante la casa, como el pozo familiar que sacia las necesidades cotidianas.

Sin embargo, el léxico del poeta sigue recordando el léxico religioso. En imperativos se dirigía Jesús a sus discípulos («Tomad y bebed, esto es mi sangre»... «Dejad que los niños»...) y en imperativos habla el poeta. El verbo «ungir» pertenece a esta misma esfera:

> Salid a ver. Venid, bebed. Dejadme
> que os unja de agua y luz, bajo la carne.

La especificación «bajo la carne» nos ratifica en la impresión de que la misión del poeta respecto a los hombres es de carácter espiritual. Lógicamente innecesaria, el valor de la frase es puramente expresivo, de intensificación.

Desde el comienzo, el canto del poeta toma la forma de la alocución de un misionero, un profeta, un apóstol. Quiere persuadir, convencer, transformar. Empezó con un ofrecimiento y una exhortación a que lo acepten. Ahora narra algo que ha sucedido a otros hombres para sacar consecuencias provechosas:

> De golpe, han muerto veintitrés millones
> de cuerpos. Sobre Dios saltan de golpe
> —sorda, sola trinchera de la muerte—
> con el alma en la mano, entre los dientes
> el ansia..

Frente a las almas que quiere ungir, ahora el poeta hablará de unos *cuerpos* muertos. Y presenta una visión dantesca. Mediante un procedimiento de concentración temporal, da la impresión de la muerte súbita y simultánea —«de golpe»— de veintitrés millones de seres. En sentido estricto, la expresión «de golpe» significa sólo «súbitamente», pero la impresión que produce en el contexto, por ir en primer lugar de la frase, es, además, de simultaneidad. Al reiterarse al final de verso, se refuerza esta impresión.

Hay que preguntarse por qué la cifra «veintitrés millones». Puede ser una cifra imaginaria e hiperbólica, pero también puede proceder de una estadística de guerra (el poema es de un libro publicado en 1950 y puede referirse a datos de la Segunda Guerra Mundial). De todas formas, lo que nos interesa es el carácter excesivo, desmesurado, de esa cifra. De la impresión de esta enorme masa de cuerpos muertos pasamos a la otra, no menos imponente, de los cuerpos saltando —también de golpe— sobre Dios. Esta imagen del «asalto» a Dios aparece truncada por el inciso en que se habla de la muerte. Como en una secuencia cinematográfica vemos los cuerpos, su salto, la trinchera —muerte— y después los detalles: lo que llevan en la mano, entre los dientes.

Pero no pensemos que estos hombres son soldados. Quizá lo fueron hasta el momento de morir, pero a partir de entonces «son hermanos nuestros». Su comportamiento es semejante al de cualquier otro cuerpo muerto. La muerte es la última trinchera que les separa del Más Allá. «Sorda y sola» la llama el poeta: ¿silenciosa y solitaria?, ¿sorda y única? La palabra «sorda» quizá haya que relacionarla con la frase anterior «saltan *de golpe*»; ¿resuena *sordamente* este golpe en ese último reducto que los separa de Dios? Van con «el alma en la mano y entre los dientes el ansia». Su actitud recuerda la de los soldados en el ataque, pero también otra actitud que recoge la frase muy habitual «ir con el corazón en la mano». Las dos imágenes se superponen produciendo una visión de gran complejidad, en la que intervienen estas dos posibilidades:

1.ª Se lanzan fieramente a un ataque *contra* Dios llevando como instrumento su alma y su propia ansia (de Dios); van a cobrar lo que les pertenece, lo que han esperado toda la vida.

2.ª Se lanzan hacia Dios, deseosos de Él, *indefensos*; en lugar de armas, van con el alma en la mano y con su ansia de Él.

Encontramos en esta frase un recurso técnico bastante frecuente en Blas de Otero: utilizar una frase o imagen habitual trastocando alguno de los elementos que la forman. Son frases del tipo «echando espuma por los ojos». Aquí, la imagen del soldado que ataca con un arma en las manos y otra entre los dientes se transforma, sustituyendo las armas por elementos totalmente inusitados: alma, ansia. La nueva imagen debe, en gran parte, su fuerza expresiva a la ruptura del cliché anterior.

De nuevo reproduce una vuelta al pasado de estos hombres:

sin saber por qué, *mataban*,

igual de desorientados que los otros hombres —«van, vamos, sin rumbo»—, ellos realizaban una acción cuyo fin ignoraban, y esa acción les condujo a lo que ahora son, irremediablemente:

muerte son; sólo muerte.

Fijémonos en la concentración de esas dos frases que enfrentan pasado y presente: «mataban... muerte son». Y para dar transcendencia y universalidad a ese destino de soldados, que en realidad es el de todos, añade:

entre alambradas / de infinito, sin sangre,

es decir, no en un lugar concreto y con luchas reales, de sangre, sino en el combate que tiene por escenario la eternidad.

Estos hombres han sido engañados, injustamente tratados, mataban «sin saber por qué» y, en vez de recompensa, reciben la muerte. Por eso, el poeta clama: «Vengadlos, sin piedad, vengadlos».

La venganza que el poeta quiere es evitar el error en el que los muertos cayeron. Quiere que se persuadan de que

> solo está el hombre.

Es una verdad dura y se da cuenta de que no quieren aceptarla; les causa dolor y miedo:

> ¿Es esto lo que os hace gemir?... ¿Os da miedo, verdad?

Las palabras del poeta se van haciendo más duras. Frente a la ignorancia de los soldados muertos, frente a su «sin saber por qué», el poeta va señalando lo que deberían saber, aquello de que depende su éxito:

> Oh *si supieseis* que es bastante.
> *Si supieseis* bastaros, ensamblaros.
> *Si supierais* ser hombres, sólo humanos.

El hombre está solo y debe saber que eso le basta; pero en la naturaleza de lo humano está la comunidad, por eso su soledad no es incompatible con otros hombres. Al contrario, deben «ensamblarse», formar un bloque humano. Lo que el poeta no admite y critica con dureza es la huida trascendente. La postura *cómoda* de que «Otro / os ayude a ser». Fijémonos en sus palabras:

> ...Sé que es más cómodo
> *esperar* que Otro —¿quién?— *cualquiera*, Otro,
> os ayude a ser...

Lo que el poeta critica es la esperanza vana, infundada, en alguien indeterminado que descargue a cada hombre de su responsabilidad de realizarse plenamente. A los que así esperan no les importa quién sea el Otro, lo único que quieren es «ayuda».

Frente a esta postura cómoda, el poeta justifica la suya:

> ...Soy. Luego es bastante
> ser, si procuro ser quien soy. ¡Quién sabe
> si hay más!...

Un hecho es evidente: el de la propia existencia. El hombre se encuentra con su existencia, como con algo que ya posee. Si «ya soy», lo único que falta es «procurar ser quien soy»; es decir, no traicionar la propia existencia, respetar el hecho de que «soy», existo, sin querer que «Otro» me ayude a ser. Lo único *cierto, evidente,* es este existir. Puede haber más, pero «¡Quién sabe!». El poeta *no niega* una existencia superior, una transcendencia, pero reivindica la obligación de ser aquello que indudablemente somos: hombres. Se puede ser más y el ser hombres no lo empece. Pero se puede ser menos, y eso son los seres a quienes habla: «sentinas / de hipocresía», «bestias disfrazadas / de ansia de Dios».

Las palabras del poeta se han ido haciendo más duras hasta convertirse en verdadero ataque verbal. Ha dejado en suspenso la posibilidad de una solución superior e inmediatamente, yuxtaponiéndolas, realzándola por contraste, lanza la solución inferior, la que los otros han escogido: está perfectamente calculado para que el insulto ocupe todo un verso, y para que se concentre sobre él la atención, al separar, mediante la pausa del final de verso, el verbo del atributo:

> ...¡Quien sabe
> si hay más! En cambio, hay menos: sois sentinas
> de hipocresía...

Y una vez más exhorta: «¡sed, salid al día!». «Ser» equivale a salir de la oscuridad; también, a beber el agua

humana; «ser» es «ser hombres». Pero los otros se niegan
a ser. Son menos que hombres, son:

> bestias disfrazadas / de ansia de Dios.

El ansia que los soldados llevaban entre los dientes era
el ansia de Dios; ansia inútil porque fue un disfraz, algo
que la bestia que no se atrevió a ser hombre se echó
hipócritamente por encima.

Creo que no traiciono el pensamiento del poeta —en
este momento de su vida— si digo que, para él, lo fundamental es ser hombre, eso «basta». No se critica el ansia
de Dios, cuya existencia no se niega, aunque no se viva
con certidumbre («¡Quién sabe / si hay más!»). Pero lo
que de ninguna manera acepta el poeta es mutilar la
existencia humana, no intentar bastarse a sí mismos. Esa
limitación convierte al hombre en una bestia, y el ansia
de Dios, en un disfraz hipócrita y cómodo.

Lo que da al poema su tono desgarrado es la nota
que desde el comienzo apunté: que cae en el vacío; canta
para el hombre y el hombre no quiere serlo. Y lo que al
comienzo era esperanza y fe en su destino («algún día
me oirán») se va haciendo violencia y apasionamiento.
Blas de Otero, como Miguel Hernández, podría decir:
«No me resigno, no, me desespero». Quiere adelantar
aquel «después», hacerlo un «ahora», un «ya», y su voz
pasa de la persuasión a la acusación y al ataque. Es esa
su personalísima manera de cantar para el hombre.

Hay que señalar, por último, que la rotundidad y la
fuerza del poema se apoyan en el ritmo y en la palabra;
no en la rima. En efecto, la rima es muy poco sonora:
dísticos asonantados. Por el contrario, los sucesivos encabalgamientos abruptos provocan un ritmo entrecortado,
rápido, sugeridor de natural apasionamiento. Las ideas

no se acomodan a la medida del verso sino que lo desbordan, saltando a borbotones sobre sus límites y remansándose de pronto en frases lapidarias: «si supierais ser hombres, sólo humanos»... «Con ser hombres os basta». Engarzadas en este ritmo, destacan la rotundidad y la violencia de algunas frases: «Definitivamente», «cantaré», «me oirán», «venid», «dejadme», «vengadlos», «sentinas», «bestias disfrazadas». Este ritmo y la violencia de la expresión son característicos de Blas de Otero. En cuanto a las ideas, suponen una etapa de transición, un paso de la temática religiosa a la «humana» y social.

XIX

JOSÉ ÁNGEL VALENTE

Una inscripción

Fue en Roma,
donde había en aquella época
grandes concentraciones de capital
y masas obreras con escasas posibilidades de subsistir.

Los poetas no acusaron el problema,
porque Roma debió ser una alegre ciudad
en tiempos de Nerón,
Aenobardo, parricida,
poeta de ínfima calidad.

Algunos hombres sencillos
envenenaron las fuentes
y se opusieron al régimen oficial.

Debieron ser hombres como éste
que yace en paz,
trabajador de humildes menesteres
o, tal vez, mercader. Un día
le fue comunicada
cierta posibilidad de sobrevivir.

(Se ignora si fue sacrificado
por semejante crimen).
Sin embargo murió; es decir, supo
la verdad. Piadosamente
repito estas palabras
sobre la piedra escritas
con igual voluntad:
«Alegre permanece, Tacio,
amigo mío,
nadie es inmortal».

El poema está escrito en versos de medida fluctuante, sin agrupación estrófica, pero con separaciones que señalan pausas importantes. No se puede decir que haya rima fija, pero sí repetición de sonidos que guardan incluso cierta regularidad. Así vemos que riman las palabras finales de los versos 3 - 6 - 9 - 12 - 14, y, con rima interna, los versos 22 - 25 - 28: capital, ciudad, calidad, oficial, paz y verdad, voluntad, inmortal. Esta repetición de sonidos es lo único que justifica la ordenación en versos, ya que la absoluta irregularidad de la medida recuerda más el ritmo de la prosa.

Contrastando con la modernidad de esos versos sueltos, libres, la estructura es muy clásica, ya que se ajusta al esquema de introducción (versos 1 a 9), nudo (versos 10 a 12) y desenlace (versos 13 al final). Esta sencillez, unida a la libertad de los versos, da al poema un aspecto conversacional, una apariencia de fácil espontaneidad.

La introducción consta de una puntualización geográfica y social (económica - política):

Fue en Roma.

El «fue» inicial sitúa la acción en un pasado considerado puntualmente, como un hecho desvinculado del presente.

La localización geográfica en Roma del suceso que se va a relatar favorece la intemporalidad. La manera de iniciar el relato es conversacional; sugiere la continuidad de un relato en el que se precisan los detalles. Aunque el suceso principal (el nudo de la narración) vendrá después, de hecho, la presentación hace pensar en una puntualización a algo que se había iniciado anteriormente.

Los versos siguientes aluden a circunstancias temporales, pero con gran vaguedad. Sin embargo, el tipo de expresiones utilizadas hace pensar en época contemporánea y pertenecen al lenguaje de divulgación económica que se encuentra en los periódicos actuales: «concentraciones de capital», «masas obreras con escasas posibilidades de subsistir».

El empleo de este tipo de lenguaje es absolutamente voluntario y entraña, incluso, un cierto anacronismo. Cuando el poeta concrete la época veremos que, en sentido estricto, no se podría hablar de «masas obreras» y «concentraciones de capital», conceptos que responden a realidades históricas más tardías.

Todo el efecto expresivo de la introducción se basa en la sorpresa que producen los tres versos finales:

> en tiempos de Nerón,
> Aenobarbo, parricida,
> poeta de ínfima calidad.

Mediante la utilización de expresiones de nuestro mundo contemporáneo, el poeta nos había hecho creer que se trataba de la época actual y, repentinamente, los hechos cobran una profundidad histórica, y se hace patente la pervivencia o la antigüedad, según prefiramos, de una situación evidentemente injusta. Y de este modo, también, se hace desaparecer el tiempo y el poeta conseguirá que nos sintamos afectados e implicados en unos hechos que, si cronológicamente están lejos, continúan siendo absolutamente vigentes. Un procedimiento parecido es el utilizado por Cortázar en *Todos los fuegos el fuego*, donde, al pasar continuamente y sin previo aviso de los monólogos interiores del gladiador romano y la esposa del pretor a los de la pareja del siglo xx, queda de relieve la profunda similitud y se elimina la distancia temporal.

Junto a la denuncia de una injusta desigualdad entre los hombres, el poeta pone de manifiesto la inhibición de los poetas ante esos hechos. El concepto de «literatura comprometida» es reciente, pero la actitud es tan antigua como el hombre. De nuevo, la aplicación de un concepto moderno a una realidad intemporal destaca la universalidad de lo criticado.

Frente a la voluntaria falta de concreción de las circunstancias socio-económicas, aplicables casi a cualquier época, nos encontramos con un retrato rico en detalles históricos de la figura del tirano: Nerón, Aenobarbo, parricida, poeta de ínfima calidad. Una razón puede ser el deseo de acentuar el efecto de sorpresa: hacernos pasar de lo que creíamos nuestra época a un momento histórico muy determinado. No utilizar la figura de Nerón como el símbolo de un tirano, sino como una persona concreta. Al poeta le interesa poner de manifiesto la profunda cercanía de estas dos épocas y necesita un punto de referencia concreto, bien fijo y determinado, para que sus palabras no se diluyan en pura intemporalidad. Toda la *gracia* del poema va a estar precisamente en que unos hechos de los tiempos de Nerón nos afecten a nosotros tan de cerca. Y para eso hace falta dejar claro que sí se trata de la época de Nerón, de la familia de los Aenobarbos, parricida y mal poeta. Creo que buscar en los epítetos aplicados a Nerón parecidos con figuras contemporáneas es desvirtuar el principal efecto expresivo del poema. La denominación «Aenobarbo» ('de barba broncínea') que se aplica a Nerón creo que no tiene un valor culturalista, sino de refuerzo histórico.

El «nudo» de la estructura está constituido por los tres versos que cuentan el suceso al que se refiere el «fue» inicial.

> Algunos hombres sencillos
> envenenaron las fuentes
> y se opusieron al régimen oficial.

El poeta mantiene el tono objetivo, frío en apariencia, como un comentario periodístico, y continúa con el uso de terminología actual («régimen oficial»). Sin duda, se trata de un recurso para aumentar la expresividad, pero algunos indicios dejan ver de qué lado están sus simpatías. Junto al contraste «alegre ciudad — escasas posibilidades de subsistir» que hace más flagrante la injusticia, nos encontramos un adjetivo como «sencillos» para calificar a los autores del suceso. Como lo primero que se nos dice de ellos es esa cualidad, nos predispone a su favor y matiza de forma favorable la acción de la que son sujetos. El hecho de envenenar las aguas no es igual realizado por unos «hombres sencillos» que simplemente por «algunos hombres». La maldad de la acción aparece en cierto modo justificada por la calidad de los hombres que la cometen. El envenenamiento de las fuentes —hecho fundamental en torno al cual se organiza el poema— aparece enmarcado en dos expresiones justificatorias: la sencillez de los sujetos y la oposición al «régimen oficial». Nerón acaba de ser mencionado, pero, en virtud de la modernidad de esta última frase, de nuevo nos sentimos transportados hacia épocas contemporáneas. En definitiva, se trata de la rebelión de unos seres oprimidos contra los causantes de su situación. A partir de este momento comienza el desenlace.

Del indefinido y plural «algunos» se pasa al ejemplo singular y cercano: «éste». La caracterización del hombre concreto también revela la simpatía del poeta: «trabajador de *humildes* menesteres».

Hay dos errores gramaticales. El poeta dice «Roma debió ser», «debieron ser hombres como éste». Lo correcto es la construcción con *de*, indicativa de posibilidad. La supresión del «*de*» indica obligación y, en el segundo caso, la existencia de un «tal vez» hace la frase incongruente. Se trata, pues, de un error.

La relación entre «Algunos hombres» y «éste / que yace en paz» es imaginaria. La establece el poeta para ilustrar la naturaleza del suceso: posiblemente fueron «hombres *como* éste». No lo sabemos con seguridad. Pero el empleo de esa construcción incorrecta con «*deber*» tiende a dar a la suposición un carácter de hecho cierto. Creo que, modernamente, en las construcciones con el verbo «deber», cada vez es más fuerte el sentido de seguridad, en detrimento de la simple probabilidad. Hasta tal punto esto es así, que el poeta abandona la expresión probable y pasa a narrar los hechos como ciertos:

> ...Un día
> le fue comunicada
> cierta posibilidad de sobrevivir.

La vaguedad de la expresión es voluntaria: «cierta posibilidad». No sabemos de qué clase de sobrevivencia habla. La expresión pasiva deja, además, en el anónimo al autor de la comunicación. La impresión que nos dejan estas palabras es la de un deseo de sobrevivencia que encontró cauce a través de un mensaje recibido. De una forma difuminada, sin precisión de detalles, vemos a unos seres humildes entre los que, de pronto, se extiende la esperanza de superar su mísera existencia personal a través de una sobrevivencia que puede ser personal (creencia en otra vida) o social (esperanza de una vida mejor para su descendencia). Los términos, al estar reducidos a su quintaesencia, resultan aplicables a realidades que, a primera vista, se nos presentan como antagónicas. Esas palabras podrían aplicarse al comienzo del cristianismo, y también al comienzo de la revolución cultural china.

Ese hombre, que centra ahora la atención del poeta y la nuestra, «murió». En forma dubitativa el poeta nos da una posible causa de su muerte:

> (se ignora si fue sacrificado
> por semejante crimen).

De nuevo la simpatía del poeta se revela en la elección de la palabra «sacrificado» con la cual presenta al trabajador como una víctima inmolada. La causa, «semejante *crimen*», está expresada desde el punto de vista del que ha decidido la muerte. El empleo de la palabra «crimen» es más expresivo que cualquier explicación. Nos hace ver claramente una sociedad en la que la esperanza personal es un crimen que debe ser castigado. No importa que este hombre concreto haya sido o no «sacrificado» («se ignora»). Lo importante es que hubiera podido serlo.

El desenlace propiamente dicho comienza ahora. Es la etapa final de los hechos que se vienen narrando:

> Sin embargo murió; es decir, supo
> la verdad...

Los hitos de esta narración han sido «Fue en Roma... algunos hombres envenenaron las fuentes... hombres como éste (transición de lo colectivo a lo singular)... murió». No está claro si el «sin embargo» se refiere a la última frase, que queda aislada por el paréntesis, o a la anterior. Es decir, se puede interpretar «se ignora si fue sacrificado. Sin embargo murió», o bien «le fue comunicada cierta posibilidad de sobrevivir. Sin embargo murió». Probablemente se refiere a las dos y se presenta como único hecho cierto de la historia de este hombre el hecho de morir. O, quizá fuera mejor decir, como el único hecho *definitivo*. Dice el poeta:

> Sin embargo murió; es decir, supo
> la verdad...

¿Qué verdad es esa a la que accede a través de la muerte? La única incuestionable, la que no admite engaños, la que «piadosamente» un amigo escribe sobre su tumba y el poeta repite para la posteridad: «Nadie es inmortal»: el hombre es fundamentalmente igual al hombre. El humilde trabajador y el tirano, el asesino y la víctima, el que espera sobrevivir y el que castiga esa esperanza, todos son mortales y tendrán su fin.

También se podría interpretar que esa verdad se refiere a la comprobación de la posibilidad de sobrevivir: esperó, murió, supo la verdad. Pero es una verdad personal e incomunicable. Con esas palabras, igual podemos deducir que comprobó el acierto de su esperanza de sobrevivir, o que experimentó su error en propia carne. Creo que se refiere a una verdad de otro orden, común al género humano y que lapidariamente expresó un amigo sobre su tumba.

El poeta nos ha esbozado rápidamente la historia de unos hombres. Eran sencillos y trabajadores humildes. Vivían en una sociedad injusta. Se rebelaron. Quizá de forma distinta: unos envenenaron las fuentes, otros creyeron en cierta posibilidad de sobrevivir; quizá ambas rebeldías fueron sólo manifestaciones distintas de un mismo deseo y fueron los mismos quienes se hicieron reos de semejantes crímenes. Y murieron. Cumplieron su destino de hombres. El hombre que escribió su epitafio creía, como ellos, que la rebeldía es posible, que existe «cierta posibilidad de sobrevivir». Sus palabras lo demuestran:

> Alegre permanece, Tacio,
> amigo mío,
> nadie es inmortal.

De alguna manera, el amigo muerto puede recoger ese mensaje de austeridad y esperanza: debe permanecer alegre porque los hombres no son dioses, y la muerte es un tributo que a todos afecta por igual. Lo que importa es su historia. Y esa historia continúa viva merced a las sencillas palabras de una inscripción y a un poeta que, con la misma voluntad con que fueron escritas, piadosamente, las repite para la posteridad.

Creo que el mayor acierto del poema está en el tono con que se ha contado la historia. El poeta ha querido ser transmisor de unos sucesos («repito estas palabras»). Ha procurado una postura objetiva, de historiador, sin intentar disimular sus simpatías, pero sin cargar las tintas. Ha trazado un cuadro de la época donde los hechos hablan por sí mismos. Hay denuncia social y política: desigualdades económicas, poetas escapistas, regímenes tiránicos que no admiten la oposición ni la discrepancia ideológica. Pero está muy lejos de agotar ahí su significado. Más allá, al fondo de esos hechos, está el eterno problema del destino del hombre, de la vida y de la muerte y de su justificación. El mayor escollo de la poesía social es su estricta vinculación a una época y a unos hechos concretísimos, que, una vez superados, invalidan su valor. Aquí no existe tal problema: tras la peripecia política de unos hombres rebeldes, ya de suyo intemporal (como hemos visto, aplicable a la época de Nerón y a nuestro tiempo), está la otra peripecia, absolutamente universal, de la vida humana.

ÍNDICE GENERAL

BIBLIOTECA UNIVERSITARIA GREDOS

I. MANUALES

1. Víctor José Herrero: *Introducción al estudio de la filología latina*. 388 págs.
2. Hugh Lloyd-Jones (ed.): *Los griegos*. 334 págs. 2 mapas.
3. J. P. V. D. Balsdon (ed.): *Los romanos*. 382 págs. 2 mapas.
4. Weikko Väänänen: *Introducción al latín vulgar*. Reimpresión. 414 págs.
5. Ludwig Bieler: *Historia de la literatura romana*. Reimpresión. 334 págs.
6. Jean Descola: *Historia literaria de España (De Séneca a García Lorca)*. 406 págs.
7. Martin P. Nilsson: *Historia de la religiosidad griega*. Segunda edición. 220 págs.
8. Régis Jolivet: *Las doctrinas existencialistas (Desde Kierkegaard a J.-P. Sartre)*. Cuarta edición. 410 págs.
9. Víctor José Herrero: *La lengua latina en su aspecto prosódico*. 270 págs.
10. Manuel Fernández-Galiano: *Manual práctico de morfología verbal griega*. 404 págs.
11. Marina Mayoral: *Poesía española contemporánea (Análisis de textos)*. 254 págs.

II. ENSAYOS

1. T. B. Bottomore: *Minorías selectas y sociedad*. 204 págs.
2. Geoffrey Barraclough: *Introducción a la historia contemporánea*. Reimpresión. 352 págs.
3. Marcelino C. Peñuelas: *Mito, literatura y realidad*. 232 págs.
4. Richard Dietrich (ed.): *Teoría e investigación histórica en la actualidad*. 208 págs.
5. Hermann J. Meyer: *La tecnificación del mundo (Origen, esencia y peligros)*. 410 págs.
6. Peter von der Osten-Sacken: *A través del espacio y del tiempo*. 392 págs. 28 láminas.